二十四節気《にじゅうしせっき》で楽しむ庭仕事

ひきちガーデンサービス
曳地トシ＋曳地義治

築地書館

はじめに

虫や雑草が好きな私たちにとって、庭は魔法の場所。一歩踏み入れただけで、足もとの自然は、三六億年の生命の歴史がそこに息づいていることを私たちに感じさせてくれる。

ある時は、庭木の巣箱からシジュウカラが巣立つのを見守り、またある時は、毎日同じ所に巣を張り直すクモの様子をずっと見ていたこともある。みんなに嫌われる雑草のギシギシがたった一本あるだけで、多様な虫たちが集う小さな生態系を見させてもらったこともある。椿の葉っぱの上では、アシナガバチが芋虫を夢中で肉団子にしているし、アリは自分の体の何十倍もある虫の死骸を運んでいる。雑草たちはいつの間にか生えだして土を改良し、役目が終わると、またいつの間にかほかの草と入れ替わっていく。

早春、梅の開花予想が天気予報で発表されるのを皮切りに、春一番、桜前線、梅雨入り、台風、もみじ狩り、木枯し一号、初雪と、私たちの生活にさまざまな季節の移ろいがかかわっている。この本では、半月ごとの時候を短い言葉で教えてくれる二十四《にじゅうし》節気《せっき》にしたがい、そんな季節を追いかけてみた。その一つひとつの言葉は、古くから自然と人間を結びつけてきた生活の道しるべでもあり、俳句の季語でもある。どんなに都市化がすすんで環境が急激に変化しても、それは変わらず私たちの周りに訪れる。

よく観察することで、年ごとの季節や気候の変化を感じたり、植物の神秘、虫の不思議、生命の奇跡に触れることができる——無農薬の植木屋をやりながら、そんなことを考えていた私たちが俳句に出会ったことで、庭の中で今まで見慣れたものと新しく出会い直すきっかけを与えてもらった。

俳句の十七音は、常識や思いこみから離れて、事実をよく見ることから生まれる。すでに知っていた虫や草や鳥たちが、新たな輝きをもって私たちの目の前に現われたのだ。かくして私たちは日本の四季の素晴らしさ、日本の自然の豊かさ、日本の言葉の奥深さを再発見することとなった。

今まで知っていたはずの庭と新たに出会った私たち。俳句は「小さな庭の大きな宇宙」に出会う旅へと私たちを誘ってくれる。

［目次］

はじめに 2

春

立春
余寒《よかん》 8
芝焼く 10
梅の花 12

雨水
虻《アブ》 14
春の土 16
木の芽《こめ》 18
椿《ツバキ》 20

啓蟄
めざめ 22
春の風 24

春分
木蓮《モクレン》 26

清明
さえずり 28
蜂《ハチ》 30

穀雨
剪定 33
若緑 36

夏

立夏
シジュウカラの巣立ち 40
《コラム》シジュウカラの鳴き声 42
蛙《カエル》と蜥蜴《トカゲ》 43
蝶と蛾 46

小満
薔薇《バラ》 48
テントウムシ〈天道虫〉 50
《コラム》生物農薬 53
蟻《アリ》 54

芒種
蟷螂《とうろう》生《うま》る 56
《コラム》琥珀《こはく》に閉じこめられたカマキリ 58
ナメクジ〈蛞蝓〉 59
蜘蛛《クモ》 62
カタツムリ〈蝸牛〉 66

夏至
カミキリムシ 68
夏の木々 70
病葉《わくらば》 72

小暑
ハーブ 74
緑陰とウッドデッキ 76
セミ〈蟬〉 78

大暑
草取り 80
雲の峰 82

秋

立秋
秋のセミ〈蟬〉 86
芋虫《イモムシ》 88

処暑
秋の花壇 90
つる植物 92
カメムシ〈亀虫〉 94

白露
台風 96
露 98
秋の蚊とトンボ〈蜻蛉〉 100

秋分
種採《たねとり》 102
金木犀《キンモクセイ》 104

寒露
小鳥来《く》る 106
《コラム》アリランの青い鳥 108
木の実《み》 110
紅葉・黄葉 112

霜降
柿 114
蛇穴《へびあな》に入《い》る 116

冬

立冬

時雨《しぐれ》 120

冬の木々 122

《コラム》変わり者 124

小雪

落ち葉と焚《た》き火 125

水仙 128

綿虫 130

冬の花 132

大雪

冬の鳥 134

冬至

柚子《ユズ》 136

小寒

霜柱 138

冬芽 141

《コラム》花を食べているのは？ 142

大寒

枯《かれ》園《その》 144

日《ひ》脚《あし》伸《の》ぶ 146

豊かに彩ってくれる 石田郷子 148

おわりに 152

主な参考文献 154

索引 159

立春《りっしゅん》　二月四日ごろ

雨水《うすい》　二月一九日ごろ

啓蟄《けいちつ》　三月六日ごろ

春分《しゅんぶん》　三月二一日ごろ

清明《せいめい》　四月五日ごろ

穀雨《こくう》　四月二〇日ごろ

余寒《よかん》

春寒の 農事暦を 繰れる指

立春を過ぎてからのほうが、寒さが厳しくなったり、どか雪が降ったりすることがある。二〇一四年も二月半ばを過ぎてから一週間で二回も大雪が降った。観測が始まって以来、一二〇年ぶりの大雪だとか。私たちが住んでいる埼玉県南西部では、今までも数年に一度、三〇センチぐらい積もることはあり、雪かきをしたことはあるが、屋根の雪下ろしをしたのは初めて。雪国に住んでいる人たちにとってはこれが日常なのかと思うと、本当に苦労がしのばれる。

こんなときに思いだされる春の季語が「余寒」や「春寒」だ。「寒中見舞い」はお正月の松の内が明けてから立春になるまで（一月五日〜二月三日ごろ）。立春を越えると、二月末まで「余寒見舞い」。

寒肥《かんごえ》と有機肥料

こんな寒い時期に庭仕事などあるのだろうかと思われるが、寒肥《かんごえ》（「かんぴ」ともいう）を施すのは、雪が多くない地域では二月が最終の時期となる。芽が動きだす前の、土壌微生物もまだ活発になっていない寒いうちに肥料をやり、なじませておく。それがだいたい一二月から二月ごろまで。肥料は、幹の根元近くではなく、枝の張っている円周上にまく。

　ゆっくりと効果が表われる有機肥料は、まさしく寒肥に向いている。有機肥料は植物に直接吸収されず、土壌微生物の餌となる。土壌微生物が活発になると、有機質の分解がすすみ、腐植質が増え、土が団粒化する（140ページ参照）。そして植物の栄養となる無機質や微量元素が増えて、土の質がよくなり、植物が元気になるのだ。つまり、有機肥料には土壌改良の効果があり、植え替えをしない樹木や宿根草などは、土を掘り返さず、そのまま土の上にまくだけでもよい。

　ただし、やりすぎは有機肥料でもよくない。植物も栄養過多はよくないのだ。窒素分が多すぎると、かえって病虫害を発生させる原因になる。

鉢の土

　植木鉢やプランターの土は、どうだろう。化学肥料を使った鉢の土は、捨てるか、太陽に干して消毒するように言われてきたが、良質な有機肥料を使っている場合は、その必要はない。

　油かすは有機肥料だが、ヘキサンという有機溶媒を使って抽出されているものであることは覚えておきたい。昔ながらの圧搾絞りの残りかすだと安心して使えるが、そのような安全な油かすを手に入れるには、安全な油がもっと市販されること。つまりはそのような商品を消費者が選ぶことから始まる。

芝焼く

芝焼いて
珈琲飲みて
日の暮れて

まだ草の芽が出る前の早春、二月ごろに草原などに火を入れるイベント、野焼きを行なう所がある。草原は放っておくと、だんだん森林へと変化していく。それを「自然遷移」という。だが、野焼きをすることで自然遷移を止め、草原のままの姿にとどめておくことができる。

庭で野焼き

じつは庭で小さな野焼きをすることがある。芝焼きである（俳句では「芝焼く」「芝火」ともいう）。

日本の庭では通常、高麗芝《こうらいしば》という、冬になると枯れるタイプの芝をよく使う。

芝刈りで出る刈りかすや、枯れて分解されずに腐った芝、枯れた芝をそのままにしておくと、病菌や芝を食害するシバットガなどの幼虫がその下で越冬してしまう。芝刈りのたびに刈りかすを熊手でよくかき集めて捨て、二月に芝を焼くことにより、それらの病菌や虫を燃やして冬越しさせないようにすることが大切だ。

時々、青い芝に枯れこんだ部分を見ることがあるが、これらはラージパッチという菌による病気だ。排水が悪かったり、窒素を与えすぎると、発生しやすくなる。

この症状が見られたら、芝焼きをおすすめする。芝焼きは病虫駆除だけでなく、刈りかすや枯れた部分の除去もでき、燃えかすがアルカリ性の肥料となる。

いいことずくめだが、風の強い日は避けることと、ほかのものを燃やさないような注意が必要だ。私たちが庭のお手入れで行なうときは、長い柄《え》のついたガスバーナーを使い、じっくりとあぶるように端から時間をかける。二人組で、ひとりはガスバーナーで芝を焼き、ひとりはコンパネ（コンクリート型枠用合板）で、ほかのものに火が移らないよう、火をブロックしながらやっていく。生け垣などの葉に熱気があたると、あとから葉が枯れることがあるので注意しよう。念のために、防火用としてバケツに水を汲んでおくことも忘れないようにしたい。

雑草で芝庭を

ほかにも芝生の手入れにはエアレーションといって、根を切って空気を土の中に入れこむ作業（スパイクのついた道具で土を刺す作業）もあり、かなり手間がかかる。さらに芝は夏の旱天《かんてん》にも弱いので、大量の灌水も必要だ。オーストラリアや欧米では最近、水やりの必要がない自生の草（雑草）を芝生がわりに使う人も増えている。雑草なら病虫害にも日照りにも強く、薬剤も水やりも必要ない。見苦しくない程度に刈りそろえれば、遠目には芝生のような緑の絨毯《じゅうたん》に見える。

ミミズと芝庭

園芸の本などを見ていると、ミミズを「害虫」扱いしている。ミミズの体内を通過した土は、窒素、リン、カリが増えるという。また、ネコブセンチュウによる害に遭いにくくなる。そして土を耕し土壌改良してくれるミミズがどうして、と思うのだが、どうやらミミズが芝生の上に残す糞の山（糞塚《ふんづか》）が景観を汚すことや、芝刈り機の刃を傷めることから、「不快害虫」と位置づけられているらしい。私たちとしては、まったく納得がいかない。ミミズは害虫なんかじゃない。

梅の花

切り口の
紅きを見せて
紅き梅

奈良時代中期ごろまでは、「花見」といえば梅だった。

梅は花やつぼみが真ん丸で、花期も長く、においは甘くやわらかである。しかも、鑑賞だけにとどまらず、実を梅酒や梅ジュースにしたり、梅干しにしたりと、高温多湿時の体調管理に欠かせない食べ物としても重宝されている。

梅の病気

梅は桜ほど毛虫にやられることはないが、アブラムシに食害されることが多く、アブラムシがウイルスを媒介してプラムポックスウイルス（ウメ輪紋ウイルス）に感染することがある。世界各地で発生しているが、日本では、二〇〇九年に初めて東京都青梅市の吉野梅郷で感染が確認された。吉野梅郷では、プラムポックスウイルスの感染拡大防止のため、二〇一四年の「梅まつり」を最後に、園内の約一二六〇本の木をすべて伐採した。

プラムポックス病は、個人庭では少なく、梅園や梅農家など、同じ場所にたくさん植えられているところに多いような気がする。実際、これまで私たちが管理する庭では見ていない。

庭では、むしろ縮葉病《しゅくようびょう》のほうが目につく。これは、四～五月ごろに新芽が縮み、そのうち一部の葉がふくらんできて、やがて落ちてしまう病気だ。多くは、アブラムシが感染を媒介している。時間はかかるものの、殺虫剤や殺菌剤を使わずに、感染した箇所を思いきって剪定する方法で、復活した例もある。

カイガラムシvsテントウムシ

タマカタカイガラムシもよく発生する。農薬は一時しのぎの対処法でしかなく、むしろ薬剤散布による根や葉のダメージのほうが大きいため、以後毎年発生するようになる。農薬をまかないでいると、アカホシテントウやヒメアカホシテントウという、カイガラムシ好きのテントウムシがやって来て、タマカタカイガラムシの中身をすべて食べてしまう。だが、これらのテントウムシは幼虫や蛹《さなぎ》の姿が、タマカタカイガラムシ以上に気持ち悪いため、間違えて掻き落としたり、農薬をかけてしまう人も多い。これらのテントウムシの幼虫時代の姿をぜひ覚えてほしい。

アカホシテントウ
（幼虫）

アカホシテントウ
（蛹と成虫）

梅は病虫害にかかりやすく、いかに農薬を使わずに治まるのを待てるかという忍耐を強いられる。こちらの懐の深さが試される木だ。

紅梅の切り口

ところで、紅梅の幹が赤いことを知っている人は、どれぐらいいるだろうか。生け花で紅梅の枝を使ったり、庭に紅梅があって剪定したことのある人ならわかるだろうが、紅梅は切り口までもが赤いのだ。まるで血を流しそうにも見えて、紅梅の枝を切ると、いつもハッとする。「紅梅の紅の通へる幹ならん」という高浜虚子の句があるが、「む？　虚子さんも知っていたのね？」と心の中でつぶやきたくなる。

梅が咲くころは、春といってもまだ冷えこむ。だが、ああ、もうすぐ冬も終わるんだなぁ！と思わせてくれる木、それが梅ではないだろうか。

虻《アブ》

時止めて
虻一点の
羽音かな

庭の助っ人、ヒラタアブ

アブというと牛、馬や人間を襲う吸血性のアブを思い浮かべがちだが、そういうアブは自然がよく保存されている環境下で発生するので、まちなかの住宅地の庭などではあまり出くわすこともないだろう。

庭で、最もなじみ深いアブといえば、花の蜜や花粉を食べるハナアブのたぐいだ。その中でもヒラタアブの仲間は、よく庭で見る身近なアブ。もちろん、人間や動物を刺したりしない。もっぱら花の蜜を求めて庭に飛んでくる小さなアブだ。南関東では二月ごろにはもう、オオイヌノフグリの蜜を求めてホバリング（停空飛翔）している姿をよく見かける。成虫で越冬すると言われているが、一二月や一月に飛んでいるのを見たことがある。いったい、いつ冬眠するのだろう？

ヒラタアブの幼虫は、アブラムシが大好きだ。丸かじりではなく、口先でアブラムシの体液を吸汁するので、食べかすがいたる所に散らばる。しかもものすごい大食漢で、かなりの数のアブラムシを食べると言われている。

ところが、姿がなんともグロテスク。スケルトン状のナメクジに似たもの、うねうねした模様が入っているウジ虫状のものなど、どう見ても虫嫌いの人には「害虫」としか思えない。それで殺虫剤をかけてしまう人もいる。ああ、もったいない。農薬を使わない庭には、ヒラタアブの幼虫のようなアブラムシの天敵がたくさんいるのに。

ヒラタアブの蛹は涙滴型。色は個体によってさまざまで、白っぽいものからこげ茶色まである。成虫になってしまうともうアブラムシは食べないが、成虫が来れば、卵を産んで幼虫が生まれる。

凄腕ハンター、シオヤアブ

ムシヒキアブの仲間も庭の強力な助っ人だ。こちらは、成虫がほかの虫を食べてしまう。庭でよく見るムシヒキアブの仲間に、シオヤアブがいる。見つけやすいのはオスで、お尻の先に白いふさふさしたものがついている（メスにはついていない）。これが塩を噴いているように見えることから、シオヤアブ（塩屋虻）と名づけられたとか。

庭仕事をしていると、すごいスピードで低空飛行しているのを見る。地表近くにいる虫を狙っているからなのだろうか。虫を空中キャッチする凄腕ハンターだ。蛾やコガネムシ、コウカアブなどのほかにも、スズメバチやトンボまで捕食する。時にはミツバチも襲ってしまうため、養蜂家には嫌われているとも聞く。幼虫は地中に棲み、コガネムシなどの幼虫を捕食すると言われているが、生態はよくわかっていないらしい。

卵はまっ白のメレンゲ状だというのでぜひ見てみたい、と願ったとたん、庭で初めて実物を見つけた。葉裏にある卵が、カマキリの卵のように泡で包まれているのだが、どこまでも白く繊細な泡立ち。確かに「メレンゲ」というのもうなずける。その卵塊から小さなウジ虫状の幼虫が次々生まれて地面に落下し、土の中で三年ほど過ごして成虫になるという。自然界には、こんな「お宝」がたくさんあるのだ。

シオヤアブのオス（成虫）

シオヤアブの卵塊

ヒラタアブ（幼虫）

ヒラタアブ（蛹）

春の土

手に取りし
土やはらかく
匂ひ立つ

土の誕生

地球上に土が誕生したのは、約四億年前※。土の来歴は、太古の海辺にさかのぼる。最初に海から上陸した地衣類は、硬い岩の割れ目に入りこみ、そこで微生物が活動して土がつくられはじめたとされている。

土は一年間に〇・五～一ミリほどしか堆積しないそうだ。枯れ葉や動物の排泄物、死骸などが積もり、それを土壌微生物が有機物から無機物に分解し、植物が利用できる土になるのだ。

土用の土いじり

ところで、土用というと、何を思い浮かべるだろうか？　ウナギ？

じつは土用というのは、一日だけではなくて、季節の変わり目ごとに一八日間ある。そして、陰陽五行の思想では、その間は「土いじりをすると、差しさわりがある」とされている。

そのほかに年によって変化する大土犯《おおつち》・小土犯《こつち》という期間もあり、「穴掘り、種まき、木の伐採」などは慎む日とされている。今でも、林業従事者の中には、土犯《つち》の期間は山に入らないという人もいるほどだ。

そういう日に作業をすると「罰が当たる」と言う人

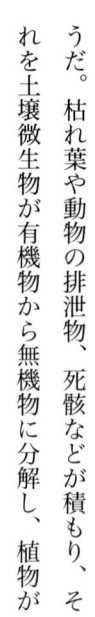

もいるが、この期間は土のエネルギーが高いので、やたらといじらないほうがいいということであって、決して「罰が当たる」ということではないと、私たちは考えている。

土の歴史を断ち切る化学肥料

化学肥料は植物に直接栄養を与えるが、それに含まれる硫酸などの化合物が土壌微生物にダメージを与える。殺虫剤などの農薬も土壌微生物を殺してしまう。

その例が、インドで行なわれた「緑の革命」と呼ばれる欧米主導の近代農業だ。この食糧増産計画を検証した本『緑の革命とその暴力』(ヴァンダナ・シヴァ著)によると、大量に投与された化学肥料や農薬によって、最初は収穫量が格段に上がった。だが、数年たつと病虫害がはびこり、収量は落ち、最後には大地が砂漠化して、作物どころか雑草もほとんど生えなくなったという。

このように、化学肥料や農薬の使用は、生物によってつくられてきた土の歴史を断ち切ることになる。

雑草のラインアップ

土があれば、まず生えてくるのが雑草だ。やっかいものと嫌われるが、よく観察すると、その土が必要としている植物が生えてくることがわかる。酸性にかたよった土であればまずスギナが生え、土壌微生物が活性化して、酸性土壌が改善されていく。

踏み固められた所、乾燥している所、湿気の多い所、日当たりが良い所と悪い所。それぞれの土に適した草が葉を茂らせ根を張り、土壌微生物たちが活発に活動できる環境を整え、少しずつ土を改善していってくれる。それにともない、雑草のラインアップも、毎年少しずつ違ってくるから面白い。

オーガニックガーデンでは、生命力あふれる土が、多様な生き物たちをはぐくんでいる。そんな小さな庭の営みが、この「命の惑星・地球」を支えてくれているのかもしれない。

※地球誕生は約四六億年前。

木《こ》の芽《め》

出番待つ
庭の道具や
木《こ》の芽晴《めばれ》

新芽の色

立春を過ぎ、時がたつにしたがい、木の芽がぷっくりとふくらんでくる。近所の雑木山が日を追うごとにパステルのタッチのようなやわらかな色調になってくると、いよいよ春も本番だ。

萌黄《もえぎ》色は黄緑色で、まさに春に萌えでる草の芽を表わす色のこと。淡い黄色の浅黄色、濃い緑を表わす常盤《ときわ》色など、雑木の山はまるで色見本を広げたようになる。こんなにもいろいろな緑があるのは、四季のある国ならではと浮き立ってくる。

芽吹きは、特に雑木、いわゆる落葉樹の芽が際立って美しい。ノムラモミジ、デショウジョウ、ベニシダレなどの新葉が赤くなるタイプのモミジは、このころ、枝の先がぼうっと赤みを帯びてくる。また、シデの木は新芽がフレッシュグリーンで、芽がほころんだときの葉脈が、味わい深い。オタク文化ですっかり定着した「萌える」という言葉は、本来は、このような木々の緑が芽吹くところからきた。

雑木の芽吹きが素晴らしいと言ったが、常緑樹も負けてはいない。キャラボク（伽羅木）は常緑で濃い緑をしているのだが、新芽は花が咲いたかと思うぐらいに鮮やかな黄緑色。この時期は、濃い緑と新芽の黄緑

がコントラストをなして、たいへん美しい。

俳句では「木の芽」のほかにも、「木の芽雨」「木の芽風」「木の芽晴」など、気象とあわせて季語にする場合もあるし、たんに「芽立ち」「芽吹く」「雑木の芽」「木の芽時」などもよく使われる。

葉っぱの代がわり

よく、落葉樹は落ち葉掃除がたいへんだから、常緑樹を植えてほしいと言う人がいるが、常緑樹も、じつは落葉する。モチノキや椿《ツバキ》の根元を見ると、落ち葉があるはず。いつ落葉するのかと言えば、芽吹くころ。それもすべての葉を一度に落葉させるのではなく、何年も使った葉から順に落としていく。「常盤木落葉《ときわぎおちば》」「夏落葉」など、夏の季語もある。

一方、落葉樹にも、芽吹くまで落葉しないものがある。たとえば、カシワ。そのため、「代をつないでいく」ということから、柏餅を包むのに用いられる。コナラも基本的には芽吹くころの落葉なのだが、個体差が大きいらしく、公園などでは、芽吹く前に葉が落ちてしまうもの、とどまっているもの、両方が見られる。

いろいろな芽吹き

俳句ではいろいろな木の芽のことは「木《こ》の芽《め》」と音読することが多い。「木《き》の芽《め》」と読むと、山椒のことを指すからである。

「木《こ》の芽《め》」が春に芽吹く木々の芽の総称だとすると、草木の芽のことをいう季語には「ものの芽」「芽吹き」、草だけだと「草の芽」「名草《なぐさ》の芽」がある。

穀物や畑の野菜の場合には、芽吹きではなく旬の時期が季語になる。たとえば、「春菊」は春、キャベツであれば「甘藍《かんらん》」で初夏、稲を植えるのは「早苗」「田植時」という仲夏《ちゅうか》（夏の三カ月の真ん中。陰暦の五月、新暦の六月）、「トマト」「茄子《なす》」は晩夏、麦なら「麦の芽」という初冬の季語、という具合だ。

植物の芽は、自然界の生命力を表わすもの。まだ寒さの残る初春に芽吹きを見つけると、心が明るくなる。

椿《ツバキ》

髪に挿す
椿の花の
紅きこと

私たちは長いこと、椿を冬の花だと思いこんでいた。関東では一月から四月いっぱいまで咲くからだ。だが、俳句では二月初めの立春からはもう春。だから「椿」は春の季語になる。

椿と茶とチャドクガ

最近は、椿は庭木として人気がない。原因は、椿を食害するチャドクガの幼虫。この毛虫は五～六月と八月下旬～九月の年に二回発生する。そして「ドクガ」というだけあって、かゆみを引き起こす毒針毛《どくしんもう》をもっている。このかゆさといったら、もう形容しがたい。なかには、病院で点滴を受けたという植木屋仲間までいた。なにしろ、卵を包んでいる卵塊、幼虫、成虫、そしてなんと死骸にいたるまで、すべての過程において、触れるとかゆいのだ。

チャドクガという名前の通り、チャノキ（茶の木）にも発生する。ちなみに私たちの住む地域は狭山《さやま》茶の産地で、茶畑が今も多く残っている。地域の何人かのお年寄りに聞いてみたところ、戦前までは今ほどは発生しなかったという。戦後になって農薬を多用しはじめてから、大発生するようになったらしい。農薬をたくさんまくと、チャドクガの天敵が少なくなり、逆に薬剤に対する耐性を獲得する個体が増えてくる。

チャドクガ対策

椿は刈り込みだけでなく、中のこんだ枝を間引くように剪定すると日当たりや風通しがよくなり、チャドクガの発生に気づきやすくなったり、卵を冬のうちに見つけやすくなったりする。自分が虫だったらどういう所に卵を産みたいかを考えれば、おのずと発生しにくい環境がわかってくるだろう。

チャドクガの卵は、薄茶色のフェルトのようなものにくるまれた卵塊で越冬する。見つけたら取りのぞくが、長そでを着たり手袋をしたりして、直接触れないようにする。

チャドクガ(幼虫)

鳥とハチの来る庭

鳥の来る庭にすると、チャドクガの発生率はぐっと下がる。ある庭で、二本ある大ぶりの椿の片方だけにシジュウカラの巣箱がかかっていた。巣箱のある木にはチャドクガが発生せず、巣箱のない木にだけ発生していた。またある時、椿の生け垣の中央にアシナガバチが巣をつくっていた。するとその周りだけはチャドクガに食べられておらず、アシナガバチの巣から遠ければ遠いほど多く発生していた。

これらは、私たちが庭で観察したことである。

庭の椿

とはいえ、椿は庭に植えたい木のひとつ。冬でもつややかな緑の葉や、冬から春にかけて咲く花が、庭に彩りを添えてくれる。西洋では八重咲きの大輪の花が好まれるが、日本では原種のヤブツバキ（藪椿）や、小ぶりの侘助《わびすけ》のような、一重のシンプルなものが好まれることが多い。オトメツバキ（乙女椿）は以前はよく植えられたのに、近ごろめっきり見なくなった。その名のごとく、ピンクの八重がなかなか愛らしいので、また復活することを願っている。

めざめ

初《はっ》蝶《ちょう》の
光に遊ぶ
孤独かな

アリ

　虫たちの目覚めが近づいてきた。特にアリが庭をうろうろしはじめると、春になったという実感が強くわいてくる。「地虫《じむし》穴を出《い》づ」「蟻《あり》穴を出《い》づ」なども、そろそろ使える季語だ。アリの巣の入り口が土の山のように盛り上がっていれば、目覚めた証拠。冬の間に崩れたり、ふさがってしまった巣の修理のため、アリの春一番の仕事は巣の中から土を運びだすこと。それで、庭のあちこちに小山ができているのだ。

　アリの列が時々蛾や蝶などの翅《はね》を捧げもって運んでいるところを見るが、アリは蝶や蛾の翅の部分はほとんど食べないという。子どものときに虫嫌いだった私たちは、大人になった今になってしゃがみこんでアリの列をじっと観察することが好きな、すっかりアヤシイ人になっている。ファーブルも、こんな気持ちだったのだろうか？

木の洞《うろ》で冬眠している虫たち

　薪割りをしていると、木の洞で冬眠している虫たちを見ることがある。洞というのは、腐朽菌に侵された木が、これ以上侵入されないように自ら保護膜をつくり、せき止めた結果、できた空洞のこと。人間は腐ることを忌み嫌うが、生態系の中では、土に還るために、腐るのはとても重要なこと。洞は大きいものだと、鳥の営巣場所にもなるが、ごく小さいものであれば、越冬する虫たちのかっこうの寝場所となる。私たちは、薪割りをしながら、越冬するいろいろな虫たちに出会う。まさに啓蟄《けいちつ》を待つ虫たちがそこにいる。

初蝶

「初蝶」という季語は、春になって初めて見る蝶のこと。

多くの蝶がアゲハチョウの仲間のように蛹で越冬するが（なかには卵や幼虫のまま越冬する種類もいる）、キチョウ、ルリタテハ、キタテハなどは成虫のまま越冬する。庭仕事をしていて、日当たりのよい葉の上やたっぷり積もった落ち葉の上で越冬している姿を見ることもある。そうやって越冬した蝶たちが春先の暖かい日、眠りから覚めて、飛んでいく。なかには鳥たちの襲撃をかわして、翅がぼろぼろになっている蝶もいる。厳しい秋冬を乗りきって、なんとか命を春へとつないだのだと思うと、庭仕事の手を休めて、飛びゆく蝶を見えなくなるまで見送ってしまう。

初春の黄色い花

山に囲まれたわが家では、麓のアブラチャンやキブシ（木五倍子）の花が春の訪れを告げる。山では、春の初めは黄色い花が多いような気がする。目覚めた虫たちには、黄色い花が蜜のありかとして目立つのだろうか。暦のうえでは、春は二月初旬の立春から始まっているのだが、虫たちの活動開始を垣間見てこそ、本当に春が来た、と思えるのだ。

アブラチャン

キブシ

啓蟄

春の風

春嵐
硝子戸鳴らし
午後三時

春の風と聞くと、どんな風を思い起こすだろうか？ ぽかぽかゆるゆるの暖かくやわらかい風？ 春一番の強風？ 杉花粉を運ぶ憎らしい風？

杉の花粉

風で杉の花粉が舞いはじめ、鼻がむずむずしてくるといよいよ花粉症の季節。外が仕事場の植木屋が花粉症だなんて、ブラックジョークにもならないが、職人仲間でも花粉症という人は案外多い。

わが家の周りは杉林で、この季節、ウッドデッキには、鳥取砂丘さながらの風紋が杉花粉でできている。車のフロントガラスは薄クリーム色の花粉に覆われ、洗浄液とワイパーでこすっても、ますます視界が悪くなるだけ。粘りつくような花粉は、ぬらしたブラシで丁寧に洗わないと落ちない。

確かにわが家は杉林に囲まれているが、土の露出が多いので、まちなかに住んでいたときよりも格段に花粉症の症状が軽減している。時々都心から人がやって来ると、とたんにくしゃみが止まらなくなり、涙目になってしまう。きっと、都会から来た人の衣類に花粉が大気汚染物質とともについているのだろう。

それにしても、杉林から風に乗って飛んでいく花粉の量はすごい。たなびいているのだから。外国産の木材ではなく、ぜひ日本の杉を建材に使ってほしい。そうすれば、育ちすぎた杉から大量に花粉が飛ぶこともないだろう。こう考えてみると、花粉症は、持続可能な暮らしを捨てた人間への「警鐘」なのかもしれない。

風と植木屋

植木屋にとってつらいのは、春一番や春疾風《はるはやて》。あまりにも風が強いと、ごみが舞ってしまい掃除もできないし、時には脚立が倒れるぐらいの風が吹くこともある。そんな時はもうお手上げ、仕事を断念するしかない。そう、植木屋にとって、仕事ができないのは、雨の日だけではないのである。

黄砂

黄砂のことを俳句では「霾《つちふる》」という。季語があるということは、昔から黄砂は飛来していたのかと調べてみると、一四七七年に紅砂（黄砂）が降ったという記録が江戸時代につくられた『本朝年代紀』に残っているそうだ。江戸時代にも、いろいろな書物に黄砂に関する記述が見られるという。ほかにも、「霾《よな》ぐもり」「霾風《ばいふう》」なども季語として用いられる。

近年の研究では、花粉症などのアレルギーや呼吸器系の疾患との関連が指摘され、大気汚染物質だけでなく、カビや酵母、土壌に生息する枯草菌、肺の化膿性炎症を起こす細菌類も、黄砂粒子に付着していることが明らかになっているというのだから、深刻だ。

黄砂は、中国大陸に近い九州や関西だけの話ではなく、沖縄から北海道まで、日本列島の広範囲にわたって観測されている。

風光る

風も嫌な面ばかりではない。「風光る」という、春の到来の喜びや希望を、吹く風に託した季語もある。春の風はきらきらとまばゆく、それまでの冬の光とは明らかに違う。ようやく朝起きるときのつらさから解放されると思うと、うれしくなってくる。だが待てよ、今度は「春眠暁をおぼえず」。気持ちよくていつまでも寝ていたいので、やっぱり起きられないかも。

木蓮《モクレン》

膨らみて
膨らみゆきて
白木蓮

　春三月、白いハトが木にあんなにとまっている、と目を凝《こ》らすと、それはハクモクレンのつぼみ。凛とした清らかさで春の訪れを高らかに謳いあげているような、まさしく春を告げる木だ。

紫木蓮《シモクレン》・白木蓮《ハクモクレン》

　ところで、いわゆる「モクレン」といえば、紫色のモクレンを指すことをご存じだろうか。白いモクレンは、わざわざ白をつけて「ハクモクレン」と呼ぶのが普通だ（「ハクレン」と呼ばれることもある）。けれどもハクモクレンのことをモクレンだと思っている人が案外多く、それでモクレンのことを「シモクレン（紫木蓮）」などと呼んだりもする。特に植木屋は、植栽を頼まれたときに間違いのないように、わざわざ「シモクレン」「ハクモクレン」と呼ぶのだ。

　モクレンは紫色と言ったが、それは外側だけで、花弁の内側は薄紅色か白色。最近は園芸種が多く、小ぶりの黒みがかった紫色のモクレンも出まわっている。

　ハクモクレンが関東では三月中旬ごろから咲くのに対し、モクレンは下旬ごろからだらだらと咲き、ある年は七月にも咲いているのを見たことがある。

　ハクモクレンは庭木として好まれる木のひとつだが、一五メートルほどになるので、高くしないように早い段階から剪定をしたほうがよい。かといって、剪定であまりにも小さく低く抑えてしまうと花がつきにくくなるので、ある程度高くなってもいいようなスペースが必要になる。

　モクレンは三メートルぐらいで、ハクモクレンに比

べるとずっとコンパクトに収まる。そういう意味では、日本の庭にはモクレンは向いていると言える。モクレンは地際から細い幹が生えてくるので剪定に困るかもしれないが、その中で形がいいものを選んで、地際から複数の幹が出てくる株立ちにして育てていくとよい。

コブシ（辛夷）

同じモクレン科のモクレン属で、コブシというのもある。モクレンは花が全開しないが、コブシは手のひらを開いたように咲き、花の大きさはハクモクレンの半分ほど。花びらも、ハクモクレンは厚いが、コブシは薄くてひらひらした感じだ。コブシの名前は、花が咲き終わったあとの実が、握りこぶし状のデコボコであるところからきているという。

ヒメコブシ（姫辛夷）という薄ピンクのコブシもあり、庭木として人気が高い。ヒメコブシはシデコブシの別名と書かれているものもあるが、自生種は主にシデコブシ（幣辛夷、四手拳）と呼ばれていて、園芸種をヒメコブシと呼ぶことが多い。シデコブシの「四手」というのは「玉串や注連縄《しめなわ》などに下げる紙」のことで、花の様子を見立てたものという。自生種は、都道府県別のレッドデータブックで、絶滅危惧のⅠ類やⅡ類、準絶滅危惧などに指定されている。

モクレンの花言葉は「自然への愛」「持続性」。太古から咲くモクレンは、現代の私たちの指標とすべき花言葉をもって、今も咲いている。

さえずり

さへづりの
やんで真昼の
庭ひとり

日本の三鳴鳥《さんめいちょう》

鳥たちの歌がそこかしこに聞こえはじめると、春も本番。

鳴き声の美しい鳥といえば、日本の三鳴鳥といわれるウグイス、オオルリ、コマドリだが、むしろ、「チヨッピーチリーチョ　チーツク」と鳴くホオジロや、「チーチュルチーチュルチーチーチュルチー」と鳴くメジロのほうがなじみのある美声だ。

鳥の声を人間の言葉に置き換えることを「聞きなし」という。たとえば、ホオジロなら、「一筆啓上《いっぴつけいじょう》つかまつり候《そうろう》」だし、メジロは「長兵衛《ちょうべえ》忠兵衛《ちゅうべえ》長忠兵衛《ちょうちゅうべえ》」。

ウソ（鷽）

ウソという鳥は、首から頬にかけてが薄紅色の美しい小鳥で、「ひゅー」「ぴゅー」と人間の口笛そっくりな音で鳴く。ウソの名前の由来は、古語では口笛のことを「うそ」というからだとか。市街地ではあまり見ることはできないかもしれないが、針葉樹や広葉樹などが交じっているような変化に富んだ郊外の森で見ることがある。わが家の近所はまさにそういう場所で、一〇羽ほどが枯れ枝にとまっているのを、すぐそばで見たことがある。頭が黒でお腹がグレー、それをつなぐように首の回りがローズピンク色の、息をのむほど美しい鳥だった。

ガビチョウ（画眉鳥）

　最近ではこれらに、移入種のガビチョウが加わってきた。漢字で「画眉鳥」と書くように、目の回りに白い隈取りがあり、茶色い体に黄色いくちばし、正直言って姿はあまりかわいらしくない。

　ところが、この鳥、鳴き声がすこぶるよいのである。複雑な長鳴きでさえずり、わが家の庭でこの声を初めて聞いたとき、どれだけ驚いたことか。鳥の声のＣＤを聞いてもわからず、図鑑で探しても見当たらない。それもそのはず、日本鳥類保護連盟の方に聞いたところ、移入種のガビチョウだと教えてくれて、その当時は、高尾山、青梅あたりまで分布していたそうだが、「埼玉まで勢力を拡大しているんですね」と言われた。だが、今やわが家の近くだけではなく、福島県に行ったときにも鳴き声が聞こえたほど広がっている。

　中国などでは鳴き声を競わせて遊ぶそうだが、日本ではペットとして輸入されたものが野生化したらしい。野生化したガビチョウはどんどん増え、今では在来種と競合して生態系を攪乱するおそれのあるものとして特定外来生物に指定され、日本の侵略的外来種ワースト一〇〇に選定されている。

ホオジロ

メジロ

ガビチョウ

鳥のさえずりに耳を澄ます鳥

　鳥は種《しゅ》が違っていても、美しいさえずりを耳をそばだてて聞いているらしい。いい節《ふし》があれば真似してみようと試みるとか。確かにガビチョウのさえずりを聞いていると、いろいろな鳥の鳴き声が入っている。数えた人によると、二一秒間に一四種類もの鳴き声が入っていたという。日本の鳥たちは、この外国からやって来た少々おしゃべりで騒々しいガビチョウの声をどう聞いているのだろうか？

蜂《ハチ》

蜜舐《な》めて
蜂のくびれの
細きこと

オーガニックガーデンのパートナー

ハチはオーガニックガーデンでは重要なパートナー。アシナガバチの仲間は、巣に直接触れたりしなければ、攻撃してくることはほとんどない。芋虫や毛虫を捕まえて団子状にして巣に持ち帰るので、人間と鉢合わせしない場所なら、できるだけ巣を残してあげよう。

ドロバチやアナバチの仲間は、直径が五〜二〇ミリぐらいの筒状の穴に卵を産み、芋虫や毛虫などに麻酔を打って巣の中へ運んで幼虫の餌にする。その生態を利用して、長さ二〇センチぐらいのいろいろな太さの竹を取り混ぜて束ねておくと、これらのカリバチが庭にやって来てくれる。

庭木の刈り込みをしていて、知らずにアシナガバチの巣を切り落としてしまったことがある。その時は、怒ったアシナガバチに顔を三カ所も刺され、卒倒しそうになった。ハチの毒は、ショック症状を起こしたり死にいたることもあるので注意が必要だ。

だが、芋虫を捕食するアシナガバチの働きを知ってからは、ハチをかわいいと思えるようになった。実際、

水を飲む姿などを見ていると、じつに愛らしい。こちらがそんな気持ちになると、巣を切り落としたときでさえ襲ってこないのだから不思議だ。それどころか、剪定の際、巣のある枝をぐいぐいゆすっても、翅《はね》を震わせながらじっと耐えている。ハチは人間の気持ちがわかるのだろうか？

わが家のスズメバチ

ある時、わが家の庭の収納庫の中に、コガタスズメバチの女王が巣をつくりはじめたので※、取りのぞかずに観察することにした。そのためには、収納庫の扉を開けなければならない。獰猛《どうもう》な性格のスズメバチが、そんなことを許してくれるだろうか。

そこで考えついたのが、毎日挨拶をして私たちのことを覚えさせ、慣れさせる、という作戦。「おはよう、元気？」と言いながら扉を開けても、落ち着いているスズメバチの女王を見てにんまりしていたのだが、小寒い雨が続いたあと久々に扉を開けると、なんと女王は死んでいた。茫然自失で、しばらくは「ハチが死んじゃった〜」とペットロス症候群のようになっていた。

庭に巣がないのにスズメバチが来るのは、餌か巣の材料を探しているとき。木材にとまって、もぐもぐと口を動かし巣材を集めているときには、すぐそばで観察しても、こちらには見向きもしないだろう。

スズメバチ対アリ

獰猛と思われているスズメバチだが、アリにやっつけられているところを目撃したことがある。スズメバチがアシナガバチを襲ったあと、なぜか土の上に降りた。すると、そこへアリがやって来て、寄ってたかってスズメバチをつついてやっつけてしまったのだ。

また、ヤブガラシの花の蜜を吸っていたフタオビドロバチが、あとから飛んできたオオスズメバチに体当たりして、追いやっている姿を目撃したこともある。

人間から見ると、昆虫の中では無敵と思われるスズメバチだが、小さなアリやドロバチにやっつけられてしまうところを見て驚いた。庭にもドラマがあるのである。

ハチは人の気持ちを感じ取る

彼女たち（働きバチはすべてメス）を刺激するのは、大きな声を出したり、手を振りまわしたり、巣を直接触ったりすること。香水や整髪料のにおいにも敏感だ。逃げればますます追ってくる。あわてずに木になったつもりで気配を消し、行方を目で追ってみよう。巣の場所がわかるかもしれない。

自宅周辺に巣があって、日常歩く範囲とバッティングする可能性があるなら、行政に問い合わせ、駆除業者を紹介してもらうのがよいだろう。

ハチは、こちらの恐怖心や嫌悪感を感じ取る能力にたけている。苦手な相手とどうつきあい、関係をつくるか。人間にも応用できる。ハチに教えてもらったことの意味は大きい。

先日、一匹のアシナガバチが家の中に入ってしまった。出ていけるように窓を開けたが、パニックになっているのかうまくいかず、結局二日をともに暮らした。家の中に干してある洗濯物にとまっているのを見つけ、洗濯物ごと二階のベランダでゆすったら、まっすぐ南側にある山に向かって飛んでいった。彼女は仲間に会えて、どんなにかうれしかったに違いない。仲間たちに人間の暮らしを話したりして……などと想像すると、笑いがこみあげてくるのだった。

フタオビドロバチ

アシナガバチ
芋虫を肉団子にして巣に運ぶ

※コガタスズメバチは軒下や樹木、キイロスズメバチは軒下や樹木のほかに屋根裏や放置タイヤの中などいろいろな場所、オオスズメバチは地中に巣をつくる。

剪定

剪定や
光と風の
通りみち

さて、頃は五月、いっせいに伸びてくる新緑に圧倒され、剪定したくなってくるが、しばしお待ちを。この時期は植物が成長している最中であり、切ると刺激され、ますます繁茂してしまう。新緑が落ち着く六月の中ごろまで、風にそよぐ緑の競演を楽しんでほしい。

庭仕事と季語

俳句でいう剪定の時期は二～四月。庭仕事の剪定の時期とはずれている。というのも、俳句の場合は果樹を指していることが多いからだ。果樹の場合は実つきをよくするための剪定なので、成長中のこの時期に枝を切って整理し、刺激してやる。

それに対し庭木の剪定は、形を整え、こみすぎた枝を間引いて風通しをよくし、これ以上大きくならないように成長を抑制することを目的としている。そのため庭では、いったん新芽の成長が止まった梅雨時ぐらいからが剪定に適している。

実をならせるための剪定なのか、庭木の観賞用の剪定なのかで時期のずれが生じ、庭仕事と季語の間にギャップが生まれたのだ。

剪定前

剪定後
からんだ枝、内側に向かっている枝、こみすぎている枝を抜いて、風通しと日当たりをよくすることで、病虫害の発生を防ぐ

庭木の剪定

自然界では、台風や雪や大風で枯れた枝や重なりあっている枝が落とされるが、庭では、人為的に植えた木の枝を人間が間引いていかなくてはならない。それが「剪定」である。限られた庭のスペースで緑を楽しむためには、木を大きくしすぎないという意味もあり、剪定が必要になる。また、風通しや日当たりを確保し、病虫害の発生を防ぐことにも役立つ。

植木屋に頼む

剪定の仕方を教えてほしいと言われ、庭仕事のインストラクターをすることがある。自分でできるようになって、庭仕事の依頼が少なくなるかと思えば、やっぱり次の年も声がかかる。剪定には経験がいる。脚立が必要な高い木の剪定は、植木屋にやってもらったほうが無難だろう。慣れない脚立に長ぐつなどで乗り、足を滑らせけがをしてしまったという話も時々聞く。

植木屋に頼む場合は、できるだけ個人庭を多く手がけているところを選ぼう。植木仕事には、「野帳場《のちょうば》」といって街路樹や公園などを手がける仕事があるが、それを主にしていると、形よりも効率を優先してしまう。一本の木を早く仕上げるためには、太めの所で枝を切るので、粗い剪定になる。そういうやり方に慣れてしまうと、個人庭でも同じように細い枝や葉をあまり残さずに切ってしまったり、ぶつ切りにしてしまったりする。掃除まで丁寧にしてくれるところなら、安心して毎年庭の手入れをまかせることができるだろう。

木のエネルギーを生かす

剪定に関する本はたくさん出ている。本に書いてある基本を大事にしながらも、全体のバランスを見ながら、木のもつエネルギーを損なわないように剪定することが大事だ。

たまに、「じゃまな枝」だけをぶつ切りにしてしまった木を目にすることがある。剪定の基本は、勢いよく伸びた枝をもとまでたどり、枝分かれした所で切り、やわらかい枝を残すようにすることだ。全体の枝葉の密度を見ながら、重なったりからんだりしている枝を取りのぞく。イメージとしては、木が大地から吸い上げたエネルギーを、その枝先からしなやかに空間に解き放つような枝を残すと自然な樹形になる。刈り込みの場合も、表面に出た太めの枝は、表面よりも奥のほうで切ると、やわらかい感じになる。

また、上は強めに切り、下枝は切りすぎないように注意する。下枝は勢いが弱いので、切りすぎるとみすぼらしい感じになったり、枯れてしまうこともある。手が届く範囲の下枝ばかりを切っていると、一番目隠しにしたいお隣との境の目線にまったく枝がない、という事態になることがある。

花芽の時期を考える

もうひとつ大事なのは、花芽の時期を考えることだ。ツツジを冬に剪定すると、せっかくの花芽を切り落とすことになり、翌年の花は楽しめない。サルスベリや金木犀などは夏に剪定すると、やはり花は咲かない。

いろいろコツはあるが、いきなりうまくなるはずはない。ご近所の庭木を観察しながら散歩すると、たまに、「いい感じだなあ」と思う庭木に出くわすだろう。きっと上手な職人さんが手を入れているのだ。そういう木をよく見て、木が喜んでいるような感じに切ればよいのだと思う。

若緑

風ゆるし
緑摘みつつ
無心となる

緑摘み

若緑とは、さまざまな草木の若葉が燃え出でるような緑の春の景色のことかと思っていたら、俳句では松の新芽のことをいうのだそうだ。晩春になると、松の芽がぐいぐい伸びて、長いものだと二〇～三〇センチにもなる。その様子が空に向かって伸びるように見えるので、「緑立つ」などともいう。

この時期、植木屋は「緑摘み」といって、松の新芽を一つひとつ丁寧につまんでいく。たいがいの木は、春から夏にかけて新しい枝をぐいっと伸ばす。これを徒長枝《とちょうえだ》といい、この枝が伸びきって、落ち着いたところで剪定をして、樹形を整える。ところが松の場合、徒長枝がかなり太く長く伸びるので、伸びきってから切ったのでは切り口が太くなり、ゴツゴツとして樹形を乱してしまう。そこで伸びきらないうちに緑摘みをするのだ。

松の手入れ

緑摘みは根気のいる仕事だが、目の前の作業だけに集中する「三昧《さんまい》」の世界だ。松の剪定をしていると、松のほうから「ほら、ここを摘んで」「次はこっちだよ」と教えてくれるように感じるから不思議だ。その声に導かれながら手を動かしていくと、きれいな形に仕上がっている。このことを私たちは、「松に問いかけながら剪定する」と言っている。返事が返ってくるわけではないが、切るべき枝が見えてくる。職人によっては、「一つひとつの葉の塊が、花のように、ふわっと開いているように切る」などと表現する人もいる。

そんなことから、松は剪定に手間がかかり費用がかさむという意味で、「金食いの木」などと揶揄《やゆ》されている。それほどに日本の職人の松の手入れ法は、丁寧で細かいということだろう。

松の手入れは日本独特で、欧米人のガーデナーが来日したときに方法を教えたら、とても面白がられた。それもそのはず、欧米では、庭のスペースが広いからか、樹木は大きくなるものとシンプルに考えているからか、樹木を小さく抑えるという剪定は行なわず、成長したら枝や幹を大きく切るという方法をとることが多い。

「松手入れ」という季語は秋に入っているが、古い松葉をとるなど実際の手入れは通常一一～一二月ごろにやることが多く、庭仕事とはそぐわない。そして初夏に葉を落とすので、「松落葉」は夏の季語。

ちなみに、正月飾りの若松は、わざと徒長枝を長く伸ばしたものだ。

松のある家

残念なことに、松の似合う家が少なくなるとともに、松の手入れ仕事も減ってしまった。

中古で買った家に松がある、あるいは先代が庭好きで松があるのだが、自分は好きになれないという人も増えてきている。そんな時には「思いきってほかの木に替えてしまっては？」というアドバイスをすることもある。今まで楽しませてくれたことに心から感謝し、自分の気に入った樹種に植え替えたほうが庭の気の通り（雰囲気）もよくなると思う。

しかし、やはり美しく手入れされた松はすがすがしく、なんとも言えない懐かしい日本の庭を思い起こさせる。最近では、木や漆喰《しっくい》を使ったモダンな和風の家を建てる人も多くなった。そういう家には、一本ぐらい松があっても似合うような気がする。

松を食害するマツカレハ

庭で松を食害する虫は、マツカレハの幼虫。俗称「松毛虫」ともいわれ、四〜六月と八〜一〇月の二回発生する。だが、少々発生しても元気な松なら枯れたりはしない。それよりも松で気をつけなければいけないのは、剪定で葉を少なくしすぎないこと。特に、アカマツは剪定のしすぎで葉が少なくなると弱ることがある。松は水はけがよい所を好むと言われていて、そのため盛り土して高植えにすることがよくある。だが、乾きすぎると松が弱り、被害に遭いやすくなる。元気な松は、虫に対して忌避効果のあるテルペン類を多く出して抵抗するという。病虫害を防ぐためにも、日ごろから農薬をまかないようにして、根を健康に保つとよいと思う。

松の新芽
長いものは20〜30cmにもなる

立夏《りっか》　五月五日ごろ

小満《しょうまん》　五月二一日ごろ

芒種《ぼうしゅ》　六月六日ごろ

夏至《げし》　六月二一日ごろ

小暑《しょうしょ》　七月七日ごろ

大暑《たいしょ》　七月二三日ごろ

シジュウカラの巣立ち

山《やま》雀《がら》や
どの子飛び立つ
雨上がり

庭の賃貸不動産物件

私たちは、不動産物件をひとつ持っている。仲むつまじい新婚さんにぴったりの木造ワンルーム。暮れから翌春にかけて、下見の客はめじろ押し。それは、庭木の中ほどにくくりつけてあるシジュウカラ用の巣箱である。巣箱なら何でもいいかと思いきや、穴の大きさは二八ミリと決まっている。

シジュウカラの性格はさまざまだ。窓越しに見ているだけで警戒するものがいれば、巣箱の下で花に水やりをしていても平気なのんき者もいる。

わが家には鳥やネズミを狩るのが得意な猫が二匹もいて、巣箱の下で昼寝していることもある。それでもシジュウカラは年に二回、必ずやって来る。

巣立ちに立ち会う

鳥たちの子育てぶりはあっぱれで、ヒナの成長に合わせて、小さな芋虫から大きな芋虫へと餌のサイズも変わっていく。しかも、口いっぱいに何匹もの芋虫をくわえ、くちばしが見えないくらいになっている。そして、巣立ち前には餌やりを断ち、腹をすかせたヒナに芋虫を与えるふりをして誘いだし、巣立ちを促す。親鳥がひものようなものをくわえて、巣箱の前でひらひらさせ、巣立ちを促すのを見たこともある。子育て上手な母さんになると、ヒナを一度に一一羽も巣立たせる。

ヒナの巣立ち前は親鳥がツーピーツーピーとけたたましく鳴くので、今まで九割以上の確率で、巣立ちの

瞬間に立ち会うことができた。すでに巣立ったお兄さん・お姉さんヒナたちも、親と一緒に巣箱の近くまで来て、ツーピーと鳴いて、これから巣立つヒナを励ます……という場面も見た。

巣立ちは何回見ても感動的で、毎回毎回その様子は異なるので、見るのをやめられない。

最後に「ツー！ピー！」と大声で鳴くのは、大家である私たちに、「お世話になったね、ありがとう！」と言っているようだ。

巣づくり

五月に子育てを終えたカップルの次には、七月の子育てを待つカップルがやって来る。前の巣が箱の中にあるほうが楽だろうと思い、そのままにしておいたら、下見には大勢が来るもののなかなか巣づくりしない。それもそのはず。調べてみると、ゼロから巣づくりすることで、子育てする気構えがだんだんできてくる小鳥は多いらしい。わが家に来たカップルは結局、新しい巣材をかなり足してリフォームし、営巣地に選んだ。

人間目線でつい「楽なほうがいいに違いない」と思うが、鳥にとっては大きなお世話なのかもしれない。

ヤマガラ対シジュウカラ

最近、この巣箱に異変が起きている。この物件をめぐり、ヤマガラとシジュウカラが空中で取っ組みあいのケンカを始めたかと思ったら、最後はヤマガラが蹴りを決め、勝負は決着。以来、ヤマガラとシジュウカラが適度に交替しながらこの巣箱を使っている。

野鳥に詳しい知人にその話をすると、「巣箱にヤマガラが入るなんて、聞いたことがない」と言う。おみくじを引く鳥として有名なヤマガラのこと、人なつこいのかと思ったら、野生のものはかなり警戒心が強いらしい。

この巣箱はお客さんにも大人気で、いろいろな庭で取りつけてきたが、「庭の植物への虫の食害が減った」という知らせがくるとうれしくなる。それもそのはず、シジュウカラは子育て中に、一日に三四〇匹もの芋虫を食べてくれるのだから。※

小鳥たちも芋虫たちも、オーガニックガーデンの大切な住人だ。

※（公財）日本鳥類保護連盟が発行した『野生鳥類の保護』より一日分を換算。

シジュウカラの巣立ち
今巣立ったばかりのシジュウカラとこれから巣立とうとしている幼鳥

ヒナにやる餌をくわえているヤマガラ

《コラム》

シジュウカラの鳴き声

シジュウカラが鳴き声を使い分け、天敵からヒナを守るという新聞記事を読んだことがある（朝日新聞二〇一一年一月一一日）。鳴き声が少しでもわかると、「聞き耳頭巾《ずきん》」を持てたみたいで楽しくなる。

- カラスが来たときには、親は「チカチカチカ」という鋭い声を出し、それによってヒナはカラスのくちばしをかわすために巣の底にうずくまるという。
- ヘビが来ると、「ジャジャ」と濁った声で鳴き、巣穴に侵入してくるヘビから身を守るため、ヒナは巣から飛びだすという。
- オスが静かに巣を見張っているときは、「ピピツー、ピピツー」（音階でいうとシシソーと、下がるパターン）
- 何かを訴えたいときは、「ツーピーツーピーツーピー」（ソーシーと上がるパターン）
- スズメなどの敵を威嚇するときには、「ピッジュルジュルジュルジュル」
- 心配そうにのぞきこむ前には「ピーツーピー」（シーソーシー）

蛙《カエル》と蜥蜴《トカゲ》

草むらの
密林の王
青蜥蜴

庭の番人

庭をパトロールして、食害する虫などを食べてくれる生き物といえば、カエルやトカゲが筆頭ではなかろうか。

カエルやトカゲが苦手という人は多い。だが、人間も含めた哺乳類は、トカゲなどの爬虫類のグループから進化してきた。言うなれば、トカゲは親戚だ。しかもこれらの両生類や爬虫類は、植物を食害する虫なども食べてくれる。夜行性のカエルも多く、ヨトウムシやナメクジなど、夜に活動するものの天敵となる。

だが、庭ではトカゲやカエルなどが年々減っているような気がする。庭が、これらの生き物が棲みにくい環境になってきている、ということなのかもしれない。

アズマヒキガエルの威嚇

面白いことに、「蛙（かわず、かえる）」「殿様蛙」「赤蛙」「土蛙」は春の季語なのに、「雨蛙」「蟇蛙《ひきがえる》」「青蛙」となると夏の季語になる。

たまに庭仕事をしていると、池もないし水鉢を置いているわけでもないのに、アズマヒキガエルに出会うことがある。枯れ葉がたまっている庭の隅の掃除をしていて、枯れ葉をつかんだつもりがアズマヒキガエルだった……なんてこともあった。そんな時、怒ったアズマヒキガエルは、威嚇してくる。おしっこをどぼどぼーっとして、私たちをビビらせるのだ。それとも、怖くてもらしちゃうのだろうか？

私たちは水がないとカエルは生きられないと思っていたが、アズマヒキガエルなどは、湿った所であればお腹から水分を吸収できるので、必ずしも水場がなければならないということでもないらしい。

わが家では夏、カジカガエル（河鹿蛙）の鳴くヒョロヒョロ〜フィフィフィ……という声が聞こえてくる。まるで笛を吹くような美しい鳴き声だ。カジカガエルは山間のきれいな谷川にしか生息できない。この声を聞けるというのは、かなりの贅沢だ。「河鹿」も夏の季語になっている。

トカゲとカナヘビ

お客さんの庭で時々ニホントカゲやカナヘビを見る。彼らは小さな恐竜の名残のような姿で、昼間の庭をパトロールしている。身じろぎもせず、庭石の上などでまったりしている光景に出くわすこともある。変温動物である彼らは、体が温まるまで日向ぼっこをしているのだ。

まだ生まれて間もないニホントカゲの赤ちゃんは、青光りして尻尾も切れていない。これが百戦錬磨の年季のいった大人になると、短くちぎれた尻尾で用心深く庭を這いまわっている。トカゲの仲間には、敵に捕

ヒキガエル

ニホンヤモリ

カナヘビ

らえられそうになると、尻尾を自切してしまうものがいる。自切された尻尾は、しばらく動くので、敵がそれに注意を奪われている間に逃げる。そして、尻尾はしばらくすると、また生えてくる。このことから、世間では、大きな組織が弱いものに罪をなすりつけて、責任を逃れることを、「トカゲの尻尾切り」という。

ヤモリ

ヤモリは「家守」とも「守宮」とも書く夏の季語。トカゲよりも頭が大きく、白っぽいまだら色で、足の吸盤がかわいい爬虫類だ。タイに住んでいた友人を訪ねたとき、大家さんが蚊を駆除するために庭や家に農薬を大量散布したそうで、それからしばらくの間は、寝ているとヤモリが突然ボトボトと顔に降ってきたと言っていた。農薬はむしろ、蚊やゴキブリや蛾などを食べてくれる、人間が「益虫」と呼ぶ虫たちのほうに大きなダメージを与えてしまう。そして、「害虫」たちは、農薬を散布したからといって、決して絶滅などしない。

蝶と蛾

蛾と蝶と
並びて蜜を
吸うてをり

蛾のおしっこ

夏の深夜、パソコンのキーボードを打っている私の手に、ぽたりと透明のしずくが落ちてきた。外は雨。しかし、今まで雨漏りなどしたことはない。ふと見上げると、七センチほどの蛾がどこから入ってきたのか、梁にとまっていた。そう、そのしずくは、蛾のおしっこだったのだ。無色透明。ちょっと感動的である。

それはキシタバというヤガ科シタバガ亜科の仲間。外見は地味だが、翅裏《はね》は黄色に黒の派手な模様。翅の下が黄色だから、そういう名前になったのかな、などと想像してみる。

蝶と蛾の違い

蝶と蛾の区別は厳密には難しいと言われている。

よく、蝶は昼、蛾は夜飛ぶというが、蝶の中にも朝や夕方の薄暗い時間を好んで飛ぶものもいるし、蛾は昼に飛ぶものも多い。触角が棍棒の形になっているものが蝶だという説もあるが、セセリチョウの仲間は棍棒状でない。蝶は翅をたたんでとまるけれど、蛾は広げてとまるというのもよく聞く話だが、ルリタテハなど、タテハチョウの仲間は翅を広げてとまる。いやいや、蝶はきれいだけど、蛾は地味という声も聞こえてきそうだ。だが、カギバアオシャクなどは緑色のきれいな蛾で、アゲハモドキなどはほとんどクロアゲハのようだ。ほかにも、一見地味でも、翅を広げると毒々しい目玉が出てきたり、枯れ葉に似せていたり、紅色のとっても愛らしいもの、さらに鳥が飛んでいるような姿の蛾までいる。

かっこいい蛾もいる

蝶は好きだけど、蛾は苦手という人はけっこう多い。だが、私たちにとっては、その間に差はない。蛾にも面白いものがたくさんいる。大型の蛾でいえば、オオミズアオやヤママユガ、クスサンやイボタガなどは、出会えばかなりの感動もの。中型の蛾も、私の大好きなスズメガの仲間などがかっこいいし、小型でもコケガは先住民族のペインティングのような柄《がら》のものが多い。シャクガの仲間は、形も模様もバラエティに富んでいて、美しいものがたくさんいる。

蝶を呼ぶ花

うちの庭には、ブッドレアという植物が一鉢ある。ブッドレアの英名は「butterfly bush」。そう、蝶を呼ぶ花なのだ。実際、夏の間、いろいろな蝶や蛾が次から次へと蜜を吸いにやって来る。せわしく飛びまわるイチモンジセセリ、ホバリングしながら蜜を吸うホシホウジャク、何度も旋回しながら蜜を求めてやって来るクロアゲハ。ブッドレアの花の蜜は、そんなにおいしいのだろうか。

柑橘類があると、ナミアゲハやクロアゲハが卵を産みに訪れる。

アゲハチョウは夏を代表する大型の蝶。優雅にひらりひらりと飛ぶさまは、暑さをしばし忘れさせてくれる。「揚羽蝶」は、もちろん夏の季語。夏に見られる蝶全般のことは、「夏の蝶」という季語が使える。

ちなみに、毛虫は夏の季語だが、芋虫は秋の季語。

冬 春 秋 夏

小満

薔薇《バラ》

やはらかき
さぼんの香り
薔薇《ばら》の垣

薔薇という漢字はなんと画数の多いことか。おまけに、俳句では「ばら」のほかに「そうび」と読むことも多い。

わが家のバラ

私たちはバラを一鉢だけ持っている。「日本に昔からある在来種を大事にしよう」とか、「移入種には気をつけよう」とか、さんざん言ってきた私たちが※。

バラの栽培が盛んなイギリスの緯度は北海道と同じぐらいで、高温多湿の本州以南では病虫害の発生などの条件が違いすぎるので、バラ栽培は日本の気候風土に合わないとも言われる。

にもかかわらず、園芸種のバラが日本に移入されたのは、平安時代とも江戸時代とも言われ、意外に古い。明治以降は一般家庭に普及し、バラ愛好家も多くいる。ならば、どれぐらいバラを育てるのが難しいのか、身をもって試してみようと思ったしだい。

一重咲きの「カクテル」というバラは、園芸店に並んでいるときは、本当にきれいに咲いていた。それがわが家へ来たとたん、アブラムシに美観を損ねられ、葉はバラゾウムシに穴をあけられ、オオシロオビクロハバチとチュウレンジバチに食べられ、ハキリバチには切り取られ……。あっという間に虫たちの天国になっていった。園芸店では、どれぐらいの殺虫剤を使っていたのだろうか。

農薬の植物への影響

これまでは、農薬というと、虫に対する効果や人間への影響が研究対象の大部分を占めていて、植物自体への影響は、ほとんど無視されてきた。ところが近年、農薬を使うと植物にも影響が出て、虫が食べやすい味になるという研究結果が出されている。植物が農薬を浴びると、代謝過程の中でタンパク質合成が阻害され、アミノ酸や糖類が植物の体内に停滞して病虫害を引き寄せることになる。だから、園芸店で売られていたものを家で無農薬管理すると、最初のうちは虫たちにとっては最高のごちそうになってしまうのかもしれない。

そんな穴だらけの葉っぱを前に、私たちも手をこまぬいていたわけではない。木酢液を散布したり、しっかりテデトール（手で取る）したり、必要最小限の手入れで、なんとかわが家でもきれいな花を次々咲かせてきた。そうこうして五年以上たった今、以前ほど虫に食害されなくなっていることに気づいた。だんだんとバラ本来の強さを取り戻しているのだろうか。

一鉢から始まる生態系

こうして育ててみると、きれいだし、香りもいいし、バラは多くの人に好かれるだけのことはあると思う。

バラを園芸店から買ってきたばかりのころは、いろいろな虫に悩まされるかもしれないが、ヒラタアブの幼虫やテントウムシ、徘徊性のクモや巣を張るタイプのクモなど、天敵もたくさんやって来る。これほど攻守入り乱れて、多様な虫が集ってくる植物もそうそうないだろう。

バラが一鉢あるだけで、生態系の多様さを実感できる――そんな楽しみ方があってもいいような気がする。

※日本にもノイバラ、テリハノイバラ、ハマナシなどの自生バラがある。

テントウムシ〈天道虫〉

我が庭の
守り神なり
天《てん》道《と》虫《むし》

テントウムシにはいろいろな種類がいて、じつは日本だけでも約一八〇種類いると言われている。私たちもかなりの種類のテントウムシを見てきたが、こんなにいると、出会っていないもののほうが圧倒的に多い。

出会った中で自慢したくなるのが、クルミハムシの幼虫を食べるカメノコテントウと、クワキジラミの幼虫が大好きというシロジュウシホシテントウ。

まだ出会っていなくて、ぜひ見てみたいのが、ふわふわした白い綿のようなアオバハゴロモの幼虫を捕食するアミダテントウと、アブラムシを捕食すると言われている日本最大のオオテントウだ。

敵から身を守る

テントウムシを手で捕まえたとき、臭い黄色い液体を出されたことはないだろうか。どうやら、敵に襲われたと感じると、足の関節から黄色い液体を出すらしい。一度、この黄色い液体の洗礼を受けた鳥は、テントウムシを二度と食べたがらなくなるそうだ。そして、敵に襲われそうになると死んだふりもするし、カメみたいに頭を体の中にひっこめることもできる。また、年をとったテントウムシは、背中の水玉模様の色が薄くなるとも言われている。ちなみに、ナナホシテントウの成虫の寿命は約二カ月ほど。シーズン中に三〜四回の世代交代をし、秋に生まれたテントウムシが越冬して春を迎える。

「翅《はね》わっててんたう虫の飛びいづる」という俳句を作ったのは、俳句雑誌『ホトトギス』を代表する高野《たかの》素《す》十《じゅう》だが、テントウムシは一秒間に八五回もはばたいて飛んでいると、昆虫学者で、ぐんま昆虫の森名誉園長の矢島稔さんが言っていた。

さらにメスは、一生の間に数百から多い場合には二〇〇〇個もの卵を産むのだそうだ。

冬眠・夏眠

テントウムシの仲間は、暖かい所で集団越冬することが知られている。条件のいい所だと、ナミテントウ、ナナホシテントウ、カメノコテントウが混成集団で冬越ししていることもある。

だが、テントウムシの一部は夏眠するということは、案外知られていない。真夏になると植物の成長が鈍るので、植物の新芽を吸汁するアブラムシの数が少なくなる。少ないアブラムシを探して無駄なエネルギーを使うくらいなら寝てしまおう、ということなのだろう。

そんなわけで、ナミテントウ、ナナホシテントウは夏眠する。ただし、同じアブラムシを食べるヒメカメノコテントウは夏眠しないで、夏でも元気。真夏といっても、皆無になるわけではないだろうから、少なくなったアブラムシを食べているのだろうか。

庭仕事をしていると、針葉樹でテントウムシが夏眠や冬眠をしている場に出くわす。特に生け垣などによ

カメノコテントウ

シロジュウシホシテントウ

キイロテントウ（幼虫／成虫）

シロホシテントウ

成虫の寿命は2カ月ほどで、
1日に数百匹のアブラムシを食べる。
シーズン中に3〜4世代の
繁殖を重ねる。最後に
生まれた成虫が越冬して、
翌年卵を産む。
テントウムシは成虫で
越冬し、冬眠から覚めると
交尾して卵を産む。
2〜5日で孵化した幼虫は
卵の殻を食べてから共食いし、
アブラムシを食べはじめる。

ナミテントウの一生

く使われるカイヅカイブキの葉っぱの間が大好きだ。テントウムシにとっては、ふかふかの緑のベッドなのかもしれない。だが、カイヅカイブキは、最近は伐採される傾向にあり、また新たに植えるということもほとんどない。テントウムシたちはどこで夏の暑さや冬の寒さをしのぐのだろうか。

草花と樹木で棲み分ける

私たちは、テントウムシは棲み分けをしているのではないかと思っている。

庭仕事をしていて気がついたのだが、同じアブラムシを食べるテントウムシでも、ナナホシテントウは草花に多く、ナミテントウは樹木に多い。コクロヒメテントウは高い樹木にはほとんどいない。うどんこ病の菌を食べるテントウムシも、樹木にいるのはキイロテントウ、草花はムーアシロホシテントウがほとんどだ。カイガラムシを食べるアカホシテントウとヒメアカホシテントウは、どちらも梅の木で見たことがある。

テントウムシの棲み分けは、もしかすると飛翔力の

終齢幼虫は場所を決めて
蛹になりはじめる。
蛹の中で体をつくり変え、
6～7日で羽化して成虫になる。
終齢幼虫は1日に
100匹以上のアブラムシを食べる。
幼虫はアブラムシを食べながら
約2週間で3回の脱皮をする。

違いに由来するのかもしれない。

テントウムシたちの一番の敵は鳥で、カエル、ハチ、クモ、トンボも天敵だ。肉食系のサシガメに体液を吸われているのを見たこともある。基本的に赤と黒の模様は警戒色。小さな体ながら、「私を食べるとまずいよ！」ということを精いっぱい知らせている。

《コラム》

生物農薬

なんと人間の都合で、わざわざ飛翔力のないナミテントウをつくりだす研究が行なわれている。農業の現場では、アブラムシ駆除に「生物農薬」としてナミテントウを使ったりする。だが、ナミテントウを放しても、すぐにどこかへ飛んでいってしまうので、育種改良によって遺伝的に飛翔能力のない「飛ばないナミテントウ」を開発したというのだ。無農薬栽培のためなのだろうが、いくら無農薬の野菜でも、このような方法でつくられているなら、私たちは食べる気になれない。

蟻《アリ》

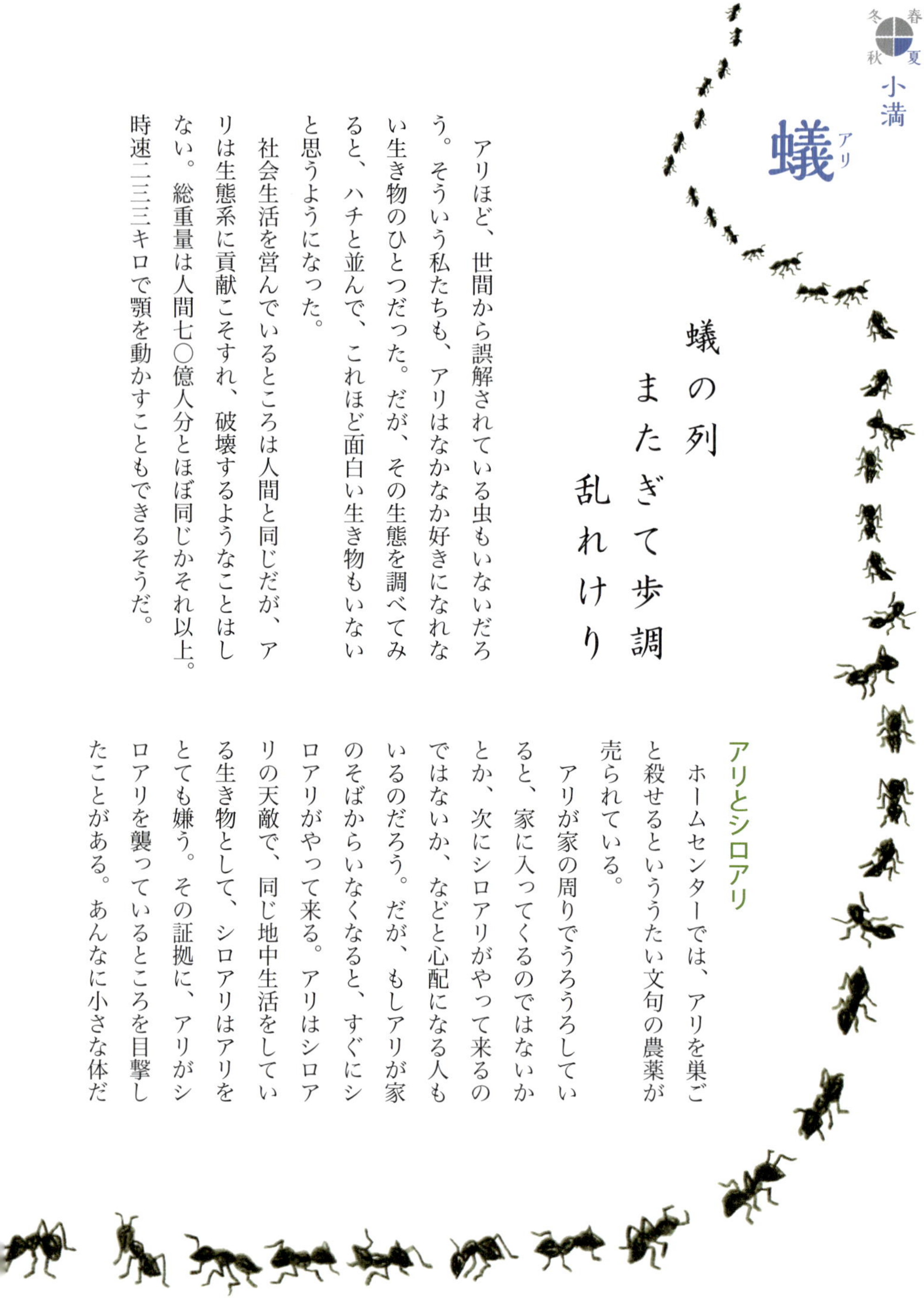

蟻の列
またぎて歩調
乱れけり

アリほど、世間から誤解されている虫もいないだろう。そういう私たちも、アリはなかなか好きになれない生き物のひとつだった。だが、その生態を調べてみると、ハチと並んで、これほど面白い生き物もいないと思うようになった。

社会生活を営んでいるところは人間と同じだが、アリは生態系に貢献こそすれ、破壊するようなことはしない。総重量は人間七〇億人分とほぼ同じかそれ以上。時速二三三キロで顎を動かすこともできるそうだ。

アリとシロアリ

ホームセンターでは、アリを巣ごと殺せるというたい文句の農薬が売られている。

アリが家の周りでうろうろしていると、家に入ってくるのではないかとか、次にシロアリがやって来るのではないか、などと心配になる人もいるのだろう。だが、もしアリが家のそばからいなくなると、すぐにシロアリがやって来る。アリはシロアリの天敵で、同じ地中生活をしている生き物として、シロアリはアリをとても嫌う。その証拠に、アリがシロアリを襲っているところを目撃したことがある。あんなに小さな体だが、アリは生物界ではとても強くて、なんとスズメバチの天敵でもある。

アリはボディーガード

「そんなことを言っても、木の幹に穴をあけているじゃないか」と言う人もいるだろう。確かに、木の洞《うろ》から木くずを運びだしている姿を目撃することがある。だがこれは、すでにテッポウムシ（カミキリムシの幼虫の俗称）などに食べられた幹の中を、アリが掃除してくれているのだ。そして、木くずと一緒に木を腐らせる腐朽菌も運びだしてくれる。そのおかげで、木は防御壁をつくりやすくなり、腐りにくくなる。

　アリは生きている木をかじったり、食べたりしない生き物だ。むしろ、このように腐朽菌を運びだしてくれるので、木によっては、積極的にアリを呼びこむものもある。たとえば、春に満開の花で楽しませてくれるソメイヨシノも、アリを弁護したいのではないだろうか？「私はアリの好きな甘い汁を出す花外蜜腺《かがいみっせん》を葉の付け根にもっています。これでアリを呼んでボディーガードになってもらい、虫の卵を食べてもらったり、生まれたての芋虫や毛虫を退治してもらったりしているのです」と。

「いやいや、そうは言っても、アブラムシのことを『ありまき』ともいうでしょう？アブラムシと共生関係を結んで、アブラムシを保護しているではないか」と言う人もいるに違いない。

　アブラムシは確かにアリに守ってもらっているが、増えすぎたり、甘露を出さなくなると、アリに食べられてしまう。つまり、アリがいるから、アブラムシの数がコントロールされているという見方もできるのだ。実際のところ、アリと共生するアブラムシは全体の四割ほどしかいない。

冬 春 秋 夏

芒種

蟷《とう》螂《ろう》生《うま》る

蟷螂の
生《あ》れたる瞳
いづこ見る

「蟷螂」はカマキリの漢名。たんに「蟷螂」だと秋の季語だが、「蟷螂生る」だと夏の季語となる。両鎌を持ち上げて獲物に襲いかかる様子が、まるで祈っているように見えることから、カマキリのことを「拝み虫」ともいう。もちろん、季語だ。

卵嚢《らんのう》・脱皮

庭でよく見られるカマキリは、オオカマキリ、コカマキリ、チョウセンカマキリ、ハラビロカマキリなど。カマキリの卵嚢は、八月の終わりごろから一〇月にかけてよく見られる。その状態で冬を越すのだ。種類によって形や大きさが異なり、空気を含んだ発泡スチロールのような卵嚢は、断熱性にすぐれているので、急な温度変化からも卵を守るという。時には、よほど

オオカマキリの卵嚢の高層アパート

カマキリの脱皮殻。さかさまになり脱皮する

条件がよい場所だったのか、卵嚢が立体的に産みつけられ、高層アパートのようになっているものもあった。

カマキリは、生まれたときは小さいけれど、すでにカマキリの姿をしている。つまり、芋虫や蛹《さなぎ》になるというような変態をしない。これを「不完全変態」という。変態はしないものの、何度も何度も脱皮して、だんだん大きくなっていく。さかさまになって脱皮するのだが、低い場所だと頭が地面につかえて脱皮できずに死んでしまうことがあるという。

若カマキリ

庭で目を凝《こ》らしてみれば、生まれたてのカマキリが一丁前にファイティングポーズでキメている姿を、春から初秋にかけてあちこちで目にすることだろう。

しかし、このうようよいる赤ちゃんカマキリのどれぐらいが大人カマキリになれるのかといえば、一パーセントにも満たない。ということは、いろいろな生き物を食べるカマキリ自身も、たくさんの生き物たちの餌になって、生態系を支えているということになる。

動くものは何でも食べる

カマキリは動くものを反射的に仕留めてしまうので、じつは「益虫」だろうが「害虫」だろうが、何でも食べてしまう。大型の蛾の幼虫を前足で挟みこんで、口元に引き寄せて食べたあと、鎌を掃除するように念入りに舐《な》めている姿を見かけたことがある。どうやら鎌のトゲトゲの部分についた食べかすをきれいにして、次の獲物に備えているらしい。セミを捕食している姿を見たこともある。

よく交尾のあとに体の大きいメスが小さいオスを食べてしまうと言われるが、つい、目の前で動くオスを食べてしまうのだろうか。だとしたら、カマキリの交尾はオスにとっては命がけ。

しかしオスは、頭をかじられて脳からの指令が届かなくなると、腹の先の神経節が活発に動きだして、腹が勝手に性フェロモンを放出し、メスと交尾できる仕組みになっているという。自分の子孫を残そうとする執念に、恐れ入るばかりである。

生き物の中では攻撃的で生態系の上位に位置するカマキリだが、時々モズの早贄《はやにえ》にされている姿を、発見することがある。ユズの剪定などをしていると、棘に串刺しにされているのである。成虫になると、翅《はね》で短い距離なら飛ぶこともできるが、そんなカマキリでもさすがにモズの攻撃はかわせなかったのだろうか。

《コラム》

琥珀《こはく》に閉じこめられたカマキリ

二〇〇八年四月一七日、岩手県久慈《くじ》市の久慈琥珀博物館のそばで、琥珀に閉じこめられた八七〇〇万年前のカマキリが発見されたという。琥珀は植物の樹液が長い年月をかけて固まったもの。特に、虫が樹液にからめ取られ、中で固まってしまったものを「虫入り琥珀」と呼んで珍重する。私たちも夏休み期間に開催されたデパートの催し物会場で、約三〇〇〇万年前の小さな虫入り琥珀を思わず買ってしまった。時々それを取りだしては眺め、三〇〇〇万年前の虫たちがいた時代に思いをはせている。

ナメクジ〈蛞蝓〉

なめくぢの
たゆまず進む
葉陰かな

減ってきた在来ナメクジ

カタツムリは「でんでんむし」という歌もあり、アジサイ（紫陽花）のイラストにちょこんと描かれていたりして、葉っぱを食べるわりには愛されている。ところが分類学的には、カタツムリと同じ陸に棲む貝の仲間なのに、殻のないナメクジとなると、とたんに嫌われる。その嫌われ方も年季が入っていて、清少納言は『枕草子』の中で、「いみじうきたなきものなめくぢ」と書いた。そこまで言わなくても、と思うのだが。

俳句では夏の季語だが、実際には食欲が最も旺盛になり、繁殖期を迎えるのは秋だという。そう言われてみれば、梅雨時よりも秋のほうが多いような気もする。

のろのろしていて、ジトジト湿っぽい所が好きで、育てていたシソの葉を食い散らし、おまけに昼間は姿が見えない——そんなナメクジも、最近は日本の在来種を見つけるのが難しくなった。圧倒的に移入種のチャコウラナメクジが多いのである。いや、日本だけではない。このチャコウラナメクジ、南極や北極をのぞいてほぼ世界中に生息しているというのだから、すごい。日本へは太平洋戦争後、米軍の持ち物、植木などにまぎれてやって来たと言われている。最近は、ヒョウ柄のマダラコウラナメクジというのも侵入してきているという。

好物はニンジンジュース

『ナメクジ』（宇高寛子・田中寛著）によると、ナメクジはニンジンジュースが好きだが、ニンジンジュースに近寄ったときに苦みのある物質をナメクジの頭にかけると、ジュースを避けるようになるという。しかも、三週間はその記憶が消えないというから驚きだ。

よく「ナメクジに塩をかけると溶ける」という話を耳にする。知り合いから「砂糖をかけても溶けたよ」と聞いたこともある。でもそれは溶けたのではなくて、浸透圧によって体内の水分が塩や砂糖に吸いだされ、縮んで死んでしまうということだ。すぐに水につけたら生き返ったという報告もある。場合によっては、体表の塩にまみれた粘液を残して、逃げだすこともできるらしい。

雑草の効用

対処法はいろいろあるが、庭に雑草が適度に生えていることがナメクジの被害を減らすひとつの方法だ。雑草ひとつ生えていない花壇では、ナメクジも花壇に植えられたものを食べるしかない。だが、雑草が生えていれば、手近な雑草を食べるし、雑草の葉陰には、ナメクジの天敵も多く棲んでいる。

また、ナメクジにも多少の好みがあり、何でも手当たりしだいに食べるというわけではないらしい。マリーゴールドやペチュニア、レタスやキャベツなどの結球タイプのアブラナ科、シソやナスなど、ナメクジが好む植物をたくさん植えないというのも手だろう。

よく庭に穴を掘って生ごみを埋めるという人がいるが、未熟な有機物があると、ナメクジは寄ってくる。

また、夜行性で雨上がりが好きという性質から、夕方の水やりでも活動が活発になって、食害されることが多くなるので用心が必要だ。

生態系のメッセージ

ナメクジの大量発生は、庭の生態系のバランスが崩れていることを教えてくれている。目の前のナメクジに目くじらを立てるのではなく、根本的な解決法を見出すことが大切だろう。落ち葉や枯れ草をそのままにしないで処理すること。もし腐葉土をつくりたいのなら、集めてきちんと腐葉土をつくること。

《ナメクジの天敵たち》

オサムシ

クロイロコウガイビル

ナメクジの天敵は、オサムシなどの肉食の甲虫、鳥、カエル、トカゲ、ムカデ。特にナメクジにとって嫌なのは三味線のバチのような半月型の頭をもっているコウガイビルだろう。これは人の血を吸ったりするヒルとは違う。庭では、オオミスジコウガイビルという移入種を見ることが多い。

ナメクジやカタツムリに寄生する広東住血線虫が人間にも害があるということなので、注意が必要だ。なるべく素手で触らないようにし、触ったら必ず手をよく洗うこと。

イギリスのガーデナー、ローズマリー・ヴィアリーの書いた『ローズマリーの庭にて』の中にこんな一節がある。オオバギボウシをナメクジに食害されるという客のクレームに、こう答えた。

「人間と同じに連中も食べなくてはいけないんですから、食べたいだけ食べさせて、目くじらを立てないほうがいいでしょう」

芒種

蜘《ク》蛛《モ》

蜘蛛の囲《い》の
むかうに夕陽
落ちにけり

「クモは殺しちゃダメ！」と、子どものころ、親に言われて育った人も多いのではないだろうか？　肉食で、「害虫」といわれている虫たちを捕食してくれることから、見た目のわりには昔から大事にされてきたのだと思う。もっとも、最近では「クモ用の殺虫剤」なるものも売られている。そこまで虫が嫌いなら、むしろそれらを食べてくれるクモにいてもらったほうがいいはずなのだが……。

徘徊するクモ

クモは「巣を張るもの」と思われがちだが、実際は巣を張らないで徘徊するタイプも多い。それもアシダカグモのような大型のものからアリグモやハナグモのような小さなものまで、じつにさまざまだ。時々家の中で徘徊性のクモが歩いているのを見かけるが、バスタブや洗面台などに落ちると、足先が糸をつかむためにかぎ状になっているので、つるつるとした壁面を登ってくることができない。映画「スパイダーマン」では、壁面なら何でもこい！に見えるのだが、本当はタイル張りの壁面などは登れないと、クモに詳しい人なら知っている。

子蜘蛛の分散

徘徊性のクモは巣を張らないと書いたが、それでも糸は吐く。移動するときや、子蜘蛛が分散する旅立ちのときだ。洋上でも、上昇気流に乗って長く吐いた糸を風に乗せて移動しているクモもいるという。あんなに大きなアシダカグモでさえ、子蜘蛛のときは糸を吐いて、軒先から風に飛ばされて分散していくそうだ。

子蜘蛛の分散はまるで風船が飛ぶようなので、「バルーニング（空中飛行）」と呼ばれている。東北地方では、晩秋に見られるバルーニングのことを「雪迎え」と呼び、これから厳しい冬が来ること、雪が降ることの合図となっている。逆に早春に見るバルーニングは「雪送り」といい、雪の季節が終わり、暖かい春が来る知らせだという。

ちなみに、クモのメスが大きな卵嚢をぶら下げている様子を、俳句では「蜘蛛の太鼓」と呼び、夏の季語になっている。その「太鼓」が破けると、子蜘蛛がちりぢりに飛びだす。そこから、四方八方に逃げたり、散っていくさまを「蜘蛛の子を散らす」という。

メジロも使うクモの糸

ところで、クモの糸は細く、粘りと弾力があるので、メジロなどの鳥たちも巣を枝に固定するのに利用する。どうやって鳥はクモの糸を手に入れるのだろうか？なんとクモの巣に体ごとつっこんで、体にまとわりついたものをくちばしで取って使うというのだから、お見事だ。

鳥も重宝するクモの糸を、人間が利用しないわけがない。二〇一三年五月に山形県のバイオベンチャー企業が人工クモ糸繊維の量産技術を開発し、工業原料として実用化するという記事が話題になった。※ 強度は鋼鉄の四倍、伸縮性はナイロンを上まわり、耐熱性は三〇〇度超を誇るというクモの糸の特性を生かしたものだそうだが、果たしてこれで何をつくるのだろうか？　ストッキングをつくったら、丈夫すぎて、売れ行きが落ちてしまうだろうと、いらぬ心配をしていたら、自動車の車体などに利用するそうだ。

ほかにもクモの巣を利用したいと思う人間がいる。私たちもその一人だ。

ドイツのエコロジーショップでは、「クモの巣用の枠」を売っている。蛾などの小さな虫を食べるクモを庭に呼びこむため、四角い枠を地面に突き刺して、クモの巣を張らせるというもの。角に小さなポケットがあり、クモが身を隠せるようになっている。クモの生態を知ったうえでの細かい配慮だ。

その「クモの巣用の枠」を買ってきた知人から実物を見せてもらい、日本の庭でも使えるように、サイズを小さくしてつくってみた。が、わが家のクモは、四つ目垣という竹垣のほうがお好きなようで、わざわざクモのためにつくった枠には、なかなか巣を張ってくれない。

巣の張り方、直し方

オニグモやトリノフンダマシのように、夕方になるとお腹の後ろ端にある「糸いぼ」から糸を出し、きれいな円形の巣をつくるものがある。俳句では、このよ

ジョロウグモ

コガネグモの仲間

クモの巣用の枠

ヒラタアブとクサグモ

うな巣のことを「蜘蛛《くも》の囲《い》」という。この巣は、朝になると、クモがすべて食べて回収してしまうそうだ。これを毎日繰り返すのである。

毎日巣を張り直さないクモもいる。これまた小型のギンメッキゴミグモから大型のジョロウグモやコガネグモまでいろいろだ。

ジョロウグモなどをよく見ていると、巣を何重にも張っている場所がある。近くに街灯などがあって、夜の灯りに集まってくる虫たちがかかりやすそうで、あまり人が通らないような所に多い。そして、巣は一度張ったらそのままなのかと思いきや、二〜三日おきに夜になると張り直してきれいにしている。それも、いっぺんに全部修繕するのではなく、半分ずつぐらい張り直しているのだ。蛾のような大型の虫が巣にかかり、あばれもがいて穴があいた部分を補修している姿を見ることがある。まるで漁師が漁網を直しているようだ。

クモは本当に奥が深い生き物だ。庭でじっくりクモ観察とガーデニング——家族と一緒にそんな休日を過ごすのはいかが？

※山形新聞二〇一三年五月二四日。

ワカバグモ

ワキグロサツマノミダマシ

ヒラタグモ

アリグモ

カタツムリ〈蝸牛〉

かたつむり
訪ねる先の
遠きかな

梅雨のひと雨ごとに、ぐいぐいと成長する草木。目を凝らせばこの時期、葉の裏に、枝の陰に、カタツムリがいる。移動速度はのろのろといたって遅く、そのため、地域ごとに多くの種類が分かれて生息している。

「善《よ》きことはカタツムリの速度で動く」と言ったのは、マハトマ・ガンジー。遅いことにも意味があるのだ。

日本に八〇〇〜九〇〇種類ぐらいいると言われているが、湿り気を好むカタツムリにとって、湿度の高い日本は居心地がいいのだろう。「まいまい」「でんでんむし」などという呼び名もあり、すべて夏の季語である。「でんでんむし」といっても、昆虫の仲間ではなく、陸に棲む貝類の仲間だ。

コンクリートで殻を補修

カタツムリの殻は、何でできているのだろうか？硬い部分は石灰質でできていて、その回りを薄い被膜が覆っており、腐食や汚れを防いでいるという。そういうカタツムリの殻の性質を参考に、汚れにくいタイルや外壁をつくった企業もある。

そして、アクシデントで殻が欠けてしまうと、カルシウムを補給して、きちんと補修する能力もあるそうだ。苔むしたコンクリート壁やブロック塀などに残されたくねくねとした舐め跡をよく見ることがあるが、どうやらコンクリートに含まれるカルシウムを体内に取りこんで内側から殻を補強しているらしい。

左巻きと右巻き

私たちの住む関東地方の庭でよく見られるのは、ミスジマイマイという三五ミリもある大型のカタツムリ。三本の褐色の筋が目印だが、なかには一本や二本のものもある。左巻きのカタツムリもいて、たまに出会う。カタツムリと向き合って、左下に口があれば左巻き。しかし、圧倒的に右巻きが多いので、左巻きに出会えたらラッキーだ。

関東以西には、オオケマイマイという殻の巻きにそって太い毛が生えているカタツムリがいるそうだ。私たちの住むまちでも見たという友人の話を聞いて、一度見てみたいと思っているのだが、まだチャンスに恵まれない。

天敵はマイマイカブリ

硬い殻をもつカタツムリは天下無敵のようにも思えるが、天敵はいるのだろうか？

一番有名なのは、マイマイカブリという日本の固有種のオサムシ科の昆虫で、大きいものだと体長が七センチぐらいある。海外のオサムシ好きには垂涎《すいぜん》の的だという。見た目はかなりかっこいい。

ある時、庭でマイマイカブリがカタツムリを食べている現場を目撃した。頭をカタツムリの殻口につっこんで、食べていたのだ。「マイマイをかぶっている」ように見えるところから、マイマイカブリという名がついたそうだが、まさにその通りの様相だった。硬い殻に閉じこもったカタツムリは、泡を出すことが唯一の抵抗するすべだという。

カタツムリを食べるマイマイカブリ

ミスジマイマイ

カミキリムシ

髪切りや
威風堂々
飛びたちて

カミキリムシの色彩や形、模様や大きさはさまざまで、カブトムシよりもずっとバラエティに富んでいる。それもそのはず、日本にいるカミキリムシは八〇〇種を超えているという。

たとえば、日本の固有種であるルリボシカミキリは、目を見張るようなスカイブルーに黒い斑点で、見た人はその美しさに目を奪われるだろう。また、トラカミキリの仲間は、ハチに似た模様なので、毒があると勘違いする人も多いが、ハチに擬態しているだけで毒はない。

カミキリムシに擬態する虫

なんとカミキリムシに擬態している虫までいる。カミキリモドキ科というのがそれだ。

ある時、春になって部屋の中にあったストーブ用の薪から虫がわいた。どうやら卵が産みつけられていたらしい。手でそっと捕まえて、五日間にわたって一〇〇匹ぐらいを外に逃がしてやった。それから少しして、ふと、あれは何という虫だったのだろうと調べると、ハイイロカミキリモドキ。「絶対に素手で触れないように」と書いてある。触ると血管刺激物質を含む毒液

を出し、皮膚炎になるというのだ。だが、私は一〇〇回も素手で触れたが、一度も皮膚炎になっていない。逃がしてやろうとしているのを、虫も感じ取ったのだろうか。

名前の由来

「噛み切り」「紙切り」「髪切り」の三通りが考えられるという。一番有力なのは「髪切り」。髪の毛を差しだすと大顎で切ってしまうからだというが、私たちは子どものころ、紙の端を切らせて遊んだこともあり、長い間「紙切り虫」が本命だと思っていた。

弱った木を土に還す

テッポウムシ（カミキリムシの幼虫の俗称）は、大きく分けると、枯れ木を食べるものと、生きている木を食べるものがいる。そして、健康な木であれば、テッポウムシに食べられても、そう簡単に枯れはしない。

ある時、コナラの幹にテッポウムシが入ってしまって枯れそうだという電話をもらった。さっそく見に行くと、ひとつの場所にかたまって生えているコナラ三本がひどいことになっていた。敷地内にはほかにもコナラがあるのに、ここにだけ被害が集中している。おかしいと思い、よくよく話を聞いてみると、枯れかかっている三本が生えている場所は、外構工事をした業者が、残ったセメントを捨てていった所だという。つまり土が強アルカリになって、木が弱ってしまっていたのだ。

木の状態がよければ、カミキリムシの幼虫にやられたぐらいで、木は枯れたりしない。カミキリムシは弱っている木に卵を産みつけることが多いのだ。とすると、カミキリムシは弱った木を土に還そうとしてくれているのかもしれない。

アカハナカミキリ

ニイジマトラカミキリ

夏の木々

にぎやかに
遊び疲れて
百日紅《さるすべり》

サルスベリ

夏の花というと、真っ先にサルスベリを思いだす。漢名「百日紅」の名の通り、花期が長く、種類によって白、紫、ピンクなど、色とりどりの花を楽しませてくれる。ことのほか、ピンクの花は夏の真っ青な空に映えて美しい。

サルスベリは永らく、江戸時代初めに渡来したと言われてきた。だが近年、平等院鳳凰堂にある池の九四〇年ごろの地層から、サルスベリの花粉が検出された。九四〇年といえば、平安時代。この花を平安貴族たちも愛でたのかと思うと、面白い。

幹が太くなると皮がはがれてつるつると美しく、猿も滑るという発想から「サルスベリ」と名づけられた。サルスベリはうどんこ病にかかりやすい。ということは、そのうどんこ病を食べにやって来る小さなキイロテントウを観察しやすい木でもある。

ニセアカシアとミモザ

街路樹でおなじみの、ニセアカシア（別名：ハリエンジュ）は、針槐《はりえんじゅ》とともに夏の季語になっている。植えられているのはニセアカシアなのに、「アカシア通り」などという名称がつけられている。今から約一五〇年ほど前の明治期に北米から輸入されたときにアカシアと呼んでいたのだが、その後、本当のアカシアが輸入されて、混乱が生じたのだ。本来のアカシアであるギンヨウアカシアやフサアカシアが「ミモザ」と呼ばれていることも、さらに混乱を招いている。

「アカシア」と呼ばれる「ニセアカシア」は、関東では五月ごろに甘い香りの白い花を咲かせる落葉高木であり、「ミモザ」と呼ばれる「アカシア」は、二～四月に黄色い小さなポンポンのような花がかたまって咲く常緑高木である。

ニセアカシアは、アカシアはちみつの蜜源であり、つぼみを天ぷらにすると、甘いおやつになる。花以外の部分は毒があるので、食べないほうがよい。

シャラ

シャラの花（別名：夏椿《ナツツバキ》）も、六月から七月にかけて白い一日花を咲かせる。まさしく夏の花だ。シャラは落葉樹で、常緑の椿とは葉っぱの形も厚さも艶もまったく違うが、花ごと落花するのはまさしくツバキ科。だから、椿と同じように、チャドクガの幼虫が食害することもある。『平家物語』の冒頭に出てくる「沙羅双樹」とシャラの木はまったく別物だ。沙羅双樹は耐寒性が低く、地植えに向かないので、寺院では代わりに名前が似ているシャラの木が植えられることが多いという。

フヨウ（芙蓉）とムクゲ（木槿）

フヨウやムクゲは一日花で、次々と花を咲かせていく。私にとっては、夏！という趣の強い落葉低木だが、俳句ではなんと秋の季語になる。

病《わくら》葉《ば》

病
葉の影落としけり
石畳

病葉というと、文字通り病気にかかった葉のことであり、何かさびしい気がして、秋や冬の季語かと思っていたら、なんと夏の季語だった。

うどんこ病

植物は虫に食害されるが、病気にもなる。代表的な病気はうどんこ病。葉が小麦粉をまぶしたようになる。アラカシやシラカシなどのカシ類、モミジやサルスベリ、ハナミズキやヤマボウシ、マサキ、そして、バラ。キュウリやカボチャなど、野菜類にも多い。植物ごとにうどんこ病の菌の種類は異なる。

そんなうどんこ病だが、元写真家で糞土研究会の伊沢正名さんが撮った写真は、うどんこ病が美しい（上の写真）。病気だということを忘れてうっとり見入ってしまう。これは視点を変えると全然違って見えるということなのかもしれない。

キイロテントウやシロホシテントウの仲間は菌類食で、うどんこ病を食べてくれる。最近では、クモガタテントウという一九八四年に北米から侵入したものもいる。お客さんの庭で、このテントウムシを発見したときにはぎょっとした。色や柄が今まで見てきたテントウムシたちとまったく異なるものだったのだ。だが、

うどんこ病の拡大写真
若いころは黄色いが、熟してくるとだんだん黒くなり、針のようなものが出てきて球を押し上げ、風に乗って飛びやすくする。さらに球の頭からは粘液を出し、飛んでいった先の葉にくっつきやすくなる。成熟した黒い球が約 0.4mm

ごま色斑点病

移入種と聞いて納得。いかにもゴールドを身にまとった北米っぽい雰囲気だったからだ。クモガタテントウは少しずつ勢力を拡大していて、キイロテントウやシロホシテントウ類との生息場所争いで優勢になるのではないかと心配している。これらのうどんこ病好きのテントウムシたちは、いずれも三ミリ程度の小さいもので、動きも速い。

すす病

葉がすすをまぶしたように黒くなるすす病という病気もある。多くの場合、アブラムシやカイガラムシの出した甘露が葉について、そこにカビの一種が付着することで、この病気になる。

円星落葉病《まるほしらくようびょう》

赤くなった柿の葉に緑の丸い点ができているのは、円星落葉病。この病気にかかった葉は、赤と緑のコントラストが美しい。九月下旬ごろからこの症状が現われる。「落葉病」の名の通り、通常よりも一〜二カ月早く落葉してしまう。この病気にかかって、早々と葉がすべて落ちてしまう状態が何年も続くと柿の木は弱っていくが、今まで庭の手入れをしてきて、この病気が原因で枯れてしまった柿を見たことがない。

赤星病

赤星病はハナカイドウ（花海棠）やボケ（木瓜）がなりやすい。梨《ナシ》にも多く発生し、ビャクシン類の樹木の間を行き来して世代交代していくので、梨の産地ではカイヅカイブキなどのビャクシン類を植えるのを禁止する条例もあるそうだ。この病気は、葉の裏が赤いイソギンチャクのようになり、かなりグロテスクだ。

ごま色斑点病

最近目立つのは、ごま色斑点病。カナメモチやベニカナメモチ（レッドロビン）の葉に発生し、ひどいものになると葉がパラパラと落ちて、枯れてしまう。カナメモチやレッドロビンで生け垣をつくるときには、近所にこの樹種が植わっていないか確認してからにしたい。というのは、近所でごま色斑点病が発生すると、風に乗って伝染する確率がかなり高くなるからだ。

ハーブ

ういきやうの
しあはせいろに
ひろごれり

ハーブは芳香を楽しめるうえ、お茶にしてもよし、料理のスパイスとしても使えるところから、根強い人気がある。丈夫で育てやすいとも言われるが、ハーブを食べるのは、人間だけではない。クセのあるハーブ類をあえて食べる虫たちもけっこういるのだ。

ミントやバジルを好む虫

アリはペパーミントオイルが嫌いだ。においがアリのフェロモンを撹乱《かくらん》させるからだろうと言われている。また、バジルをキュウリのそばに植えておくと、バジルを食べたウリハムシがふらふらになり、キュウリを食べなくなるという。ところが、そんなミントやバジルを食べる虫がいる。それはベニフキノメイガの幼虫。

この虫はなんとハーブ好きで、特にシソ科の植物が大好き。ハーブにはシソ科が多く、バジル、ミント、ローズマリー、セージ、マジョラム、オレガノ、タイム、レモンバームと、人気のあるハーブはほとんどがシソ科だ。これらのシソ科の植物はもちろんのこと、アオジソもベニフキノメイガに食害される。

鉢植えのミントがベニフキノメイガの幼虫に丸坊主にされ、枯れてしまったという報告もあった。周りにほとんど植物がない都市部のアスファルトという条件で、おそらく天敵がいなかったのだろう。もし、鳥、ハチ、バッタ、ムカデなどの天敵がたくさんいれば、枯れてしまうほどにはならなかっただろうに。

山椒とナミアゲハ、クロアゲハ

日本のハーブとも言える山椒は、ナミアゲハやクロアゲハの幼虫に食べられる。これらの終齢幼虫の体に触れると、威嚇のために頭部からヘビの舌のような臭角を出す。このときに、なんとも形容しがたい腐ったフルーツのようなにおいを出す。もしかしたら、山椒やミカンなど、香りの強い葉っぱを食べているからだろうかなどと、虫仲間との話に花が咲く。

時々、食草からかなり遠い家の壁などで蛹になっていることがある。あんなにいた芋虫たちが終齢幼虫になると少なくなっていくのを不思議に思っていたが、鳥やハチに食べられるだけではなく、長距離移動するので見つからないのかもしれない。

フェンネル好きはキアゲハ

フェンネルは和名ではウイキョウといわれ、「茴香《ういきょう》の花」が夏の季語になっている。その姿形からしていかにも洋風なのだが、なんと平安時代にはすでに日本に渡来していたという。雅な平安人たちも、この花を愛でたのだろうか。

フェンネル好きの虫といえばキアゲハの幼虫で、パセリやディルの葉も丸坊主にしてしまう。終齢幼虫だと、大きいものは四五ミリぐらいにもなるので、手でつまむにも、その後の始末がどうにも夢見が悪い。

何でも食べるハスモンヨトウ

ハスモンヨトウの幼虫はおよそ何でも食べるので、ハーブ好きと言えるのか難しいところだが、ほかの虫が食べないようなハーブ類もしっかりと食べる。そしてこの虫は、農薬をかけられすぎて、薬剤に対する抵抗性ができてしまっている。夜間にパトロールして、手で取ったり、足で踏んだりするしかない。

緑陰とウッドデッキ

緑陰の一睡楽し庭仕事

縁側

私たちが子どものころはたいがいの家に、縁側やぬれ縁があった。縁側は布団を干したり、母に耳かきをしてもらう場所だったり、ちょっとしたお客さんがいらしたときは、座布団を置けば客間に早がわり。靴を脱いで上がりこまなくてもよくて、長居したくないお客さんも、長居されたくないこちらも、ちょっぴり便利な場所だったのだ。

縁台というのもあって、将棋を指したり囲碁を打ったりする場所になった。家が狭かったからか、暗かったからか、エアコンがなくて暑かったからか、思いのほか外に開かれた暮らしをしていたものだ。

今では家の様式もだいぶ変わり、縁側がない家もある。でもその代わりに、庭をもっと活用したら面白いだろうといつも思う。

ウッドデッキ

庭と家をつなぐ中間領域としてウッドデッキをつくってみると、外に出やすくなる。庭にテーブルといすを置くと、食事やお茶を楽しめる。クッキーやせんべいを食べこぼしても、アリたちが掃除してくれる。もちろん読書も、鳥の声つきだ。

私たちがつくるウッドデッキは、手すりをつけず、ふちに腰かけられるようにしている。いわば、大きな縁側のような雰囲気だ。不思議なことに、このような構造物をつくると庭が狭くなるように思うかもしれないが、逆に空間が広がって見える。

南側には落葉樹

庭づくりの依頼を受けたときには、家の南側に落葉樹を植えると、夏は木陰をつくって涼しく、冬は落葉して日当たりがよくなるので暖かいですよと、お客さんにおすすめする。樹種はエゴノキ、ヤマボウシ、シデの木にハナミズキなど。「株立ち」といって、ひとつの根株から数本の幹が出ているものは、それだけで庭が雑木林の雰囲気になる。

木陰

木陰の使い方にはいろいろあって、まずは昼ご飯。お弁当を車の中で食べるには暑いし、外食ではクーラーが効きすぎて午後の外仕事がつらくなる。そんな時には滋味たっぷりの夏野菜中心のお弁当をつくって、緑陰のランチとしゃれてみる。そして食後は、木陰で午睡《ごすい》を決めこむ。セミの鳴き声を聞きながら、うとうととろとろ……う〜ん、気持ちがいいったらありゃしない！　このように、職人がちょっと昼寝をするのは「三尺寝《さんじゃくね》」という夏の季語になっている。

夏の木陰は家の中より心地よく、冬の陽だまりは家の中より暖かい。読書にお茶、秋から冬にかけては月や星座を眺めたり。「木下闇《こしたやみ》」なんていう素敵な夏の季語もある。それこそ一句ひねってみたりして。

みなさまも一度お試しあれ！

セミ〈蟬〉

空蟬の
摑みし草や
刈られけり

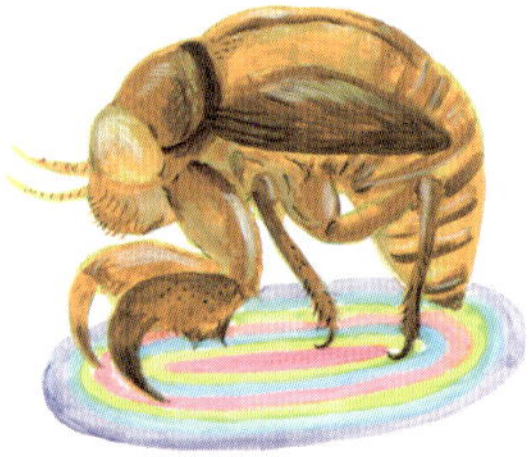

セミたちの競演

夏の季語にもなっている「初蟬」。その声が聞こえると、夏が来たと思う。

七月上旬からはニイニイゼミとヒグラシ、アブラゼミとミンミンゼミは七月下旬から九月になっても鳴いている。クマゼミは、もともと暖かい地方のセミなのだが、近年は都内でも八月上旬あたりから鳴くようになった。静岡や神奈川の西部から飛んでくるとか、クスノキなどを九州から移植するからだとか、温暖化のせいだとか、諸説ある。

夏の最後はツクツクボウシ。八月上旬から独特の鳴き声が始まり、特に八月下旬から九月になると、ほかのセミの声が少なくなってくるせいか、際立つように感じられる。だからか、ツクツクボウシは秋の季語となり、「法師蟬」などとも詠まれる。

解せないのは、わが家では七月上旬から鳴きはじめるヒグラシが、秋の季語になっていることだ。地域によって気候も違うので、すべて季語通りとはいかないのかもしれない。

お腹が共鳴器

暑くるしさナンバーワンはミンミンゼミ。木にとまっているのをじっと観察してみると、鳴き声は助走のように少しずつ始まり、だんだん大きくなってくる。「翅《はね》をふるわせて」とか「翅をこすり合わせて」というイメージが強いが、翅はまったく動かない。鳴くときは、お腹というよりは、雰囲気的にはお尻に近い部分を、蛇腹《じゃばら》のように伸び縮みさせて上下させたり、時には回すようなしぐさで、だんだん声が大きくなってくる。最高潮に達するときに、お尻を撥ね上げるようにすると、お腹側が少し割れて、そこから大音響が出てくるようだ。まるで、アコーディオン！　あの体のわりには大きな音で鳴くと思っていたら、お腹が共鳴器だったというわけだ。

日本では、虫の鳴き声を愛でる文化をもっている。他の国ではたんなる「ノイズ」と感じる人が多いようだ。実際、アメリカ人の友だちにどう思っているか聞いてみたところ、「騒音」という一言だった。

抜け殻

「空蝉《うつせみ》」という季語がある。セミの抜け殻のことである。源氏物語に登場する女性の名前でもあることから、何か物悲しい美しい響きがあって好きな言葉だ。

じつは、セミの抜け殻でセミの種類がわかるという。全国で「セミの抜け殻調査」が行なわれていて、都市生物の生態調査に市民が加われる手軽な方法として、近年定着してきている。

庭でもいたる所で空蝉は見つかる。木ばかりとは限らない。草などの丈の低い植物でも、木まで行くのももどかしかったせっかちなセミが羽化した跡を見ることがある。

アブラゼミ

ミンミンゼミ

草取り

藪《やぶ》漕《こ》ぎの
腰に揺れたる
蚊《か》遣《や》りかな

藪と化した庭

梅雨が明け、ガンガンと照りつける太陽の下、草の元気さといったら、ありゃしない。たまに空き家の庭管理を頼まれることがあるが、そういう庭は個人庭といっても、ほとんど藪状態。雑草が膝より高く茂っていることも多い。

そうでなくても、夏の庭ではヤブガラシやヘクソカズラなど、あっという間に樹木やエアコンの室外機にからみついてくるものもある。そんなヤブガラシやヘクソカズラも、花の少ない真夏の蜜源として、ハナアブやハチや蝶など、いろいろな生き物たちを養ってくれているのだけれど。

ただし、蚊やブユだけはお近づきになりたくない。だから、私たちの作業着は、長そでに長ズボン。蚊やブユが嫌うという白い色や藍染めのものを、身に着けるようにしている。そして、腰からは蚊取り線香の皿をぶら下げ、天然の除虫菊の蚊取り線香を焚いて作業する。

蚊遣り

除虫菊は日本の在来種か中国のものだろうと思っていたら、なんと欧州原産。蚊取り線香は明治時代に商品化されたそうで、案外歴史は浅い。

清少納言も『枕草子』に「いとにくけれ（非常に気に入らない）」と書いたほどの蚊だが、蚊取り線香ができる前は、どうしていたのだろう。松や杉の葉や、蓬《ヨモギ》などを焚いていぶしていたと言われている。なんと、携帯用の蚊遣りとして、古布に火をつけていぶしていたこともあったそうだ。

昔は野良着に穴があくと古布を当てて、補修が効かなくなるまで何度も何度も繕ったという。とうとう繕えなくなると、裂いてひも状に編んで頭に巻き、先を垂らして火をつけ、くすぶらせて蚊よけにしたそうだ。その野良着も、最初から野良着として新調したわけではなく、古くなった着物を野良着にするのだろうから、「布を捨てる」という発想がないのだ。たくさんの継ぎ当てのある昔の野良着を見たことがあるが、力強い刺し子や、バラエティに富んだ布のパッチワークは、まさしく日本のキルト。見習いたい究極のエコである。

虫に刺されない秘訣

血を吸う蚊は産卵期のメス。オスや交尾前のメスは、花の蜜や果物の汁などを吸っているという。

蚊に刺されやすいという人もいて、一般的には、体温の高い人、汗をかきやすい人、お酒を飲んで呼吸量が多くなった人。

頼りになるのは、ポイズンリムーバーという注射器のような形をした毒だしの道具。ハチやムカデに刺されても、毒を吸いだすと、それほどひどいことにはならないので、安心して庭仕事ができる。

不思議なことに、虫に対しての恐怖心や嫌悪感をもたないで、ゆったりした気持ちで庭仕事をしていると、虫に刺されることもない。

ポイズンリムーバー

春 夏 秋 冬

大暑

雲の峰

夕立と
競ひあふごと
庭そうじ

入道雲

夏の帰り道、上り坂の向こうに、入道雲がもくもくと私たちのトラックを待ちかまえている。その雲の後ろに夕陽が差して茜色に染まったとき、載っているトラックごと、私たちまで茜に染まる。

『空の名前』（高橋健司著）という本によると、どす黒い夕方の空をてんでんばらばらに飛んでいく、天気の異常を告げているような雲のことを「狂雲《きょううん》」というらしい。ちなみに「入道雲」とは、雲の頭が丸みを帯びて坊さん（＝入道）のように見えるからという説と、坊主頭の妖怪からきているという説とがある。確かにもくもくと黒い雲が押し寄せ、冷たい風が吹いてくると、不穏な感じ、妖しい感じがして、妖怪でも出てきそうで心がざわざわしてくる。

俳句では、入道雲のことを「雲の峰」という季語で表わすことが多い。代表的な夏の季語だ。

雷雲

近年、盛夏ともなると気温が極端に上昇して天候が急変、仕事の途中で大雨になることがある。これは、「スーパーセル」という巨大積乱雲が原因で、竜巻や雹《ひょう》や激しい雨をもたらす現象だ。上空の冷たい空気と地上からの暖かい湿った空気とで、大気が非常に不安定になるらしい。

雲行きが怪しいときは作業の範囲を広げずに、いつでも片づけられるようにしておかなくては。雨が降りだすのと庭仕事が終わるのと、どっちが早いかの競争だ。時には雨どころか、雹が降ってきたり、激しい雷雨になったりすることもある。

　雷は、雲の中で静電気がつくられて発生する。本来、雨宿りは風流なもののはずだが、最近は雷に打たれる危険もあるので、風流にひたってばかりもいられない。雷を避けて、トラックの車内に逃げこむ。雷の語源は「神鳴り」からきていて、ごろごろ鳴る音を神様の声と、昔の人はとらえていたのだろう。

　雨が上がると、雲の隙間からスポットライトのような光が差しているのを見かけることがある。これは「光芒《こうぼう》」といって、大気中にたくさんの小さな水の粒が浮かぶことでできやすくなる。とても神秘的なので「天使のはしご」とも呼ばれている。

　光芒や天使のはしごは残念ながら季語ではない。

ゲリラ豪雨

　仕事が終わった午後五時過ぎの夕立は、庭の植物たちへの水やりから解放されるのでちょっとうれしい。しかも、夜の気温が確実に下がる。ただし、最近は「夕立」などというかわいいものではなく、「ゲリラ豪雨」と呼ばれるほどのひどい雨になることもあり、そうなるとうれしがってばかりもいられない。

アフリカから帰国した友人も、インドから戻った友人も、日本の夏のほうが暑いと言っていた。なぜ、こんなにも暑くなってしまったのだろうか。ひとつは昔と比べて緑が少なくなっていること、もうひとつはアスファルトやコンクリートの照り返しがきついこと。このアスファルトやコンクリートは、ゲリラ豪雨のときの雨の逃げ道がなくなる要因にもなっている。

虫の行動とお天気

雨といえば、虫たちの行動から天気を予測する方法もある。「ハチが低く飛ぶと雷雨」「アリが穴をふさぐと雨」「クモが巣を張れば雨が降らない」などで、このような方法を「観天望気《かんてんぼうき》」という。なかには、「アマガエルをいじめると雨」「ムカデが家の中に入ると雨」など、どこまで本当かわからないものもあるので、的中率は疑問符つきだが、お天気とあわせて庭の生き物たちを観察してみるのも面白い。

過ぎゆく夏

四季の中で夏ほど惜しまれる季節はない。酷暑、ゲリラ豪雨、蚊など、忌々《いまいま》しさのオンパレードなのだが、それでも、夏の旅行や、花火大会、浴衣など、楽しいこともたくさんある。開放的な季節が終わりゆくさまは、ほかと比べようがないほどさびしい。

暦のうえでは八月七日ごろが立秋となり、秋になる。まだ暑い盛りだが、八月に入ると夕方の暮れ方が深くなる。そして、そのころから確かにウマオイやクサヒバリなど、いろいろな秋の虫が鳴きはじめるのだ。

光芒

立秋《りっしゅう》　八月七日ごろ

処暑《しょしょ》　八月二三日ごろ

白露《はくろ》　九月八日ごろ

秋分《しゅうぶん》　九月二三日ごろ

寒露《かんろ》　一〇月八日ごろ

霜降《そうこう》　一〇月二三日ごろ

秋のセミ〈蟬〉

寄せて引く
蜩《ひぐらし》の声
山の声

ヒグラシの声

現在の家に越してきたとき、最初の朝、「カナカナカナ……」という森の中の大合唱で明け方前に目が覚めた。ヒグラシが最も好むのは、山すそや森などの、杉林やヒノキ林。まさしくわが家はその環境にあった。

ヒグラシという名前に惑わされ、朝も鳴くということを知らなかった私たちは、翌日も、その翌日も、朝早く起こされ、閉口してしまった。そして、「ああ、もう、夏は毎朝早起きしないとだめなんだな……」と、観念した四日目ぐらいから起こされなくなった。ヒグラシが鳴かなかったのではない。いつも通りに鳴いたのだが、私たちが慣れてしまったのだ。

だから、起こされなくなったのではなく、起きなくなった、というほうが正しい。人間とは順応性の高い生き物である。

　ヒグラシの鳴く林のそばに住む私たちは、雲行きが怪しくなって薄暗くなると、昼でもヒグラシが鳴くことを知った。そして、時々わが家の庭木に飛んできて鳴くことがあるが、それがたった一匹にもかかわらず、物悲しいどころか「うるさいなあ……」と思うぐらいの大音量に感じるということも知った。ヒグラシはちょっと離れた林の中の鳴き声に限る。

ヒグラシとツクツクボウシの季節

　ヒグラシとツクツクボウシ（法師蟬）は秋の季語。だが、わが家ではヒグラシは七月上旬から鳴きはじめ、セミの鳴きだしではトップバッターのほうに位置している。それなのに秋の季語とは。あの「カナカナカナ……」という鳴き声が物悲しく聞こえるからだろうか。残暑が厳しい年は、九月末まで鳴いていたこともある。そういう意味では、秋のセミなのだろうか。

　ツクツクボウシは八月中旬以降になると目立ってきて、秋の季語というのもうなずける。こちらは、おそらく東京都心部でも鳴き声を聞くことができるだろう。びっくりしたのは、八丈島にはセミはツクツクボウシ一種しかいないということだ。八丈島在住の友人にも確認した。しかも、夏の初めごろからずっと鳴いているらしい。

　ヒグラシやツクツクボウシは中国や韓国にもいるのだが、鳴き声が日本のものとは微妙に違うらしい。日本国内でも、北と南で違うと言われている。セミにも方言があるということなのだろうか。

ツクツクボウシ

ヒグラシ

芋《イモ》虫《ムシ》

芋虫の
食《は》みたる音の
かすかなる

クチナシとオオスカシバ

夏の庭で甘い香りを放っていたクチナシ（梔子）も、そろそろ実をつけはじめている。花の少なくなった秋から冬の庭では、オレンジ色のクチナシの実はまるで花が咲いたようだ。実が熟しても口を開かないことから「クチナシ」という名がついたという。だが、実を楽しめるのは一重花のクチナシだけで、園芸種の八重咲きには実はならない。

さて、このクチナシの葉しか食べないという蛾の幼虫がいることをご存じだろうか？　その名はオオスカシバ。緑色の芋虫で、終齢幼虫ともなると大人の小指ぐらいの大きさになるというのに、じつに上手にクチナシの緑にまぎれ、なかなか見つけることができない。葉っぱが妙にギザギザに食われ、根元にはパイナップル形の糞が散らばっているのだが。

成虫は名前が示すとおり翅《はね》が透明で、羽ばたきながら空中に静止し、長い口吻《こうふん》で花の蜜を吸う。そのさまはまるでハチドリ。お尻の赤いラインがかわいく、蛾だというのに昼から飛んでいるので、ますますハチドリっぽい。初めて見たときに、南北アメリカ大陸やカリブ諸島にしかいない生き物が、わが家までやって来た！と大騒ぎし、虫好きの人たちに笑われたものだ。

柚子坊《ゆずぼう》

アゲハ類の幼虫は柑橘類の葉を好むことから「柚子坊」という秋の季語になっている。

ある時、ナミアゲハの幼虫を山椒の葉から引きはがして観察していた。すると、パイナップルのような糞をし、その糞を口先でぽ〜んと何度もはじいたのだ。

まるで、「さっきの山椒、どうしたの？」とでも言いたげに。非科学的な言い方に聞こえるかもしれないが、生き物はみな、意思をもち、考えながら生きていると思う。いろいろ試して、判断するという意味において。

シャクトリムシ

そうそう、シャクガの幼虫のことを夏の季語で「土《ど》瓶割《びんわり》」ともいう。シャクトリムシがピンと斜めに立ち上がっていると、本当に枝にそっくり。枝だと思ってかけた土瓶が、落ちて割れることからこの呼び名と季語が生まれたという。昔の人はよく見ていたうえに、ユーモアがあったなあと、この季語を目にするたびに感心するやら、噴きだすやら。

花にそっくりな芋虫

ハイイロセダカモクメの幼虫は蓬《ヨモギ》の花にそっくりで、もちろん、ヨモギを食草としている。ヨモギの花に似ているものが生き残ったからそういう形に進化したと、生物学的には説明されるのだろうが、ハイイロセダカモクメを見ていると、「似せたい」というはっきりした意思をもって進化したとしか思えない。

芋虫といっても蝶や蛾の幼虫ばかりではない。ハバチと呼ばれるハチの仲間も、幼虫は芋虫で葉を食べる。

あんなに虫嫌いだった私が、オオスカシバやアゲハチョウの芋虫を手に載せて、背中を撫《な》でているなんて、変われば変わるものだ。

オオスカシバ（成虫／幼虫／糞）

コスズメ（幼虫）

トビモンオオエダシャク（幼虫）

秋の花壇

水引の
伸びたる先の
明《さや》かかな

朝顔、木槿《ムクゲ》、芙蓉《フヨウ》、カンナ、向日葵《ヒマワリ》。この中で秋の季語となっている花は、どれだろうか。じつは向日葵以外はすべて秋の季語。俳句を始めたころ、私も意外な気がした。だが、俳句では立秋から秋の季語になる。新暦では八月七日ごろにあたる。確かにこれらの花は、八月になってからがますます元気で、年によっては一〇月になってもまだ咲いている。

朝顔

朝顔は、古くから朝顔市が開かれ、小学校低学年の夏休みの理科観察の宿題でも定番の植物。一日花のはかなさ、毎日新しい花を次々と咲かせる生命力、午前中だけの命に「早起きは三文の徳」と思わせる。浴衣や団扇《うちわ》の柄《がら》にもなっていて、近年は緑のカーテンで再び脚光を浴びている。

ところが北欧では雑草扱いで、彼らから見れば、なぜ日本人は雑草をわざわざ育てたり、朝顔市で売り買いするのだろう、と思うらしい。最近は帰化朝顔が大繁殖。まだ外来生物法※の指定植物にはなっていないが、今後の増え方しだいではどうなるかわからない。特に小型のマルバルコウソウやホシアサガオは、小ぶりなかわいらしい花が日本人好み。とはいえ、こぼれ種で敷地の外へ出ていかないよう、放ったままにしないよう、注意が必要だ。

菊

秋になると、宿根草のシュウメイギクが目立つようになる。歳時記や季語集に載っていない場合もあるが、多くの季語集で「秋明菊」「貴船菊《きぶねぎく》」（京都にある貴船神社の近辺でよく咲いていたかららしい）ともに秋の季語になっている。中国からの帰化植物であるにもかかわらず、英語では「Japanese Anemone」と訳されるそうだ。菊という名前がついているが、キンポウゲ科で、アネモネの仲間である。どうりで葉の形が菊と違うわけだ。

菊は秋の代表ともいえる花だが、山形県に行ったときに食べた食用菊の名前が「もってのほか」。本当の名前は「延命楽《えんめいらく》」というそうだが、愛称の「もってのほか」がポピュラーに使われている。この食用菊は紫色の花弁が美しく、おひたしや酢の物、ごま和え、ちらしずしのトッピング、お吸い物、天ぷらと食べ方はさまざまある。ホウレンソウのおひたしに混ぜて、醤油で食べるのも彩りがきれいだ。

ところで、食用菊と観賞用の菊は何が違うのだろう。ガーデニング用として売られている菊や、生け花などで使われる菊は、食べるには食べられるが、苦みが強いそうだ。

ミズヒキ（水引）とシュウカイドウ（秋海棠）

わが家ではミズヒキが元気だ。つまり日当たりがあまりよくないということなのだが、日当たりが多少悪くても根づいてくれる宿根草はけっこうある。シュウカイドウも日当たりのよくない湿った庭でも丈夫に育ち、花期も長い。派手さはないが、しっとりした雰囲気のある花である。

※正式名称は「特定外来生物による生態系等に係る被害の防止に関する法律」

シュウカイドウ

シュウメイギク

つる植物

収穫の
うれしさも炊く
零余子《むかご》飯《めし》

ヤブガラシ

生け垣やフェンスにつるがからまっているのは、なんとも風情がある。だが、つる植物には、ご用心！「朝顔や釣瓶《つるべ》とられてもらひ水」という加賀千代女《かがのちよじょ》の有名な句があるけれど、本当につるはどんなものでも覆ってしまう。

代表的なものはヤブガラシ。「藪枯らし」という秋の季語にもなっている。藪をも枯らしてしまうほどの繁殖力ということなのだろうが、夏に咲く花は砂糖菓子みたいで、じつはかなり好きな花だ。この花が好きなのは私たちだけではないらしく、アブやハエやハチも、蜜を求めてやって来る。せわしなく次から次へと飛びまわっている様子を見ると、一つひとつの小さな花にはほんの少しの蜜しかなく、たくさんの花を訪れて蜜を集めているようだ。

ヤブガラシは別名「貧乏葛《かずら》」ともいわれ、「手入れが行き届かないとヤブガラシが生えてくる。庭の手入れもできない人は、そのうち貧乏になってしまいますよ」という戒めからついた名だという。もちろん、「貧乏かづら」も秋の季語。

ヘクソカズラ

同じく庭で困らされるものにヘクソカズラがある。このひどい名前は、つるも葉も触るとひどく臭いところからきている。ヤブガラシとだいたい同じ花期（七～九月）なのに、なぜか「屁糞葛《へくそかづら》」は夏の季語。花の中央がお灸の跡のように赤黒いところから、灸花《やいとばな》ともいわれる。

アケビ

秋のつる植物といえば、アケビもある。これは俳句を作るようになって、「木通」と書くことを知った。この漢字には、「アケビの木部分のつるを切って吹くと空気が通るから」という説と、「アケビのつるの部分には利尿作用があり、『小水が通じる木』であるところから」という説がある。

庭ではミツバアケビといって、葉っぱが三枚のものをよく植えるが、最近はあまり人気がない。葉はかわいいし、つるで籠も編めるし、実も絵にかきたくなるし、もう少し見直されてもよいような気がするのだが。

ヤマノイモ

山野に自生しているイメージのヤマノイモ(自然薯)だが、住宅地の庭にもけっこう生えている。郊外の住宅地は、山を切り拓いて造られているのだから、当然と言えば当然だろう。庭仕事をしていると、零余子《むかご》がなっていることがある。ぽいぽい口の中に放り入れると、まさにヤマイモの味。これを集めて晩ご飯は零余子飯なんてことになると、もう、庭仕事はやめられない。

ヤブガラシ

ヘクソカズラ

カメムシ〈亀虫〉

青空へ
ぶんと飛び立つ
放《へ》屁《こき》虫《むし》

カメムシと聞いて、喜ぶ人はまずいないだろう。たいがい、「臭いよねぇ」と顔をしかめる。だが、虫好きの間ではカメムシはかなり人気があるのだ。なぜなら、その色や模様がさまざまで、カメムシ好きに言わせると、クワガタやカブトムシなんて「ただ黒いだけ」。

自分のにおいでダメージ

あの強烈なにおいは、じつはカメムシ自体にもダメージがあるという。私たちの虫の師匠である、作家の盛口満さんによると、「カメムシを何匹か捕まえて、ビニールに入れて振り回したら、自らのにおいで死んでしまうものがいた」とのこと。

だが、何にでも例外はある。オオクモヘリカメムシの放つにおいは「青リンゴのにおい」だというのだ。キバラヘリカメムシも青リンゴのにおいだと言う人もいる。うちの庭にはキバラヘリカメムシの大好物のマユミの木がある。今度見つけたら、その真偽のほどを確かめてみたい。

幼体と成虫で模様が変わる

カメムシは不完全変態だが、幼体と成虫では同じものとは思えないほど違う。成虫になると白いハートのマークが背中に目立つエサキモンキツノカメムシは、幼体のころにはハートマークが微塵も出ていない。よく見るアオクサカメムシも、幼体はポップな模様なのに、成虫になるといわゆる普通の緑のカメムシだ。そんなわけでカメムシは、不完全変態は子どもと親の形が同じ、という私たちの常識を覆してくれた。今までの見方がひっくり返るという体験は面白いし、人生を豊かにしてくれる。

晩秋になると家の中に入ってきて越冬しようとする。外に出したいのだが下手に触ると臭い。ある時、嫌だ嫌だと思わないで、やさしく触れてみたらどうだろうと思いたち実行してみた。結果はまんまと成功。それ以降は、においを出させず外に出てもらっている。

ネオニコチノイド系農薬

カメムシは野菜や果実などを吸汁するというイメージがあるが、ヤニサシガメ、アカシマサシガメなどのように肉食で、小さな昆虫の体液を吸汁するものもいる。また、ヒラタカメムシの仲間は、なんと菌食だ。倒木の樹皮の内側にいることが多いので、おそらく腐朽菌を食べているのだろう。

植物食のカメムシの中には、稲を好物とするものもいて、農家を困らせている。吸汁されると、米にわずかに黒い斑点が出て、等級が落ち価格が下がってしまうからだ（味にはあまり関係ない）。そのため、近年はネオニコチノイド系の農薬が多く使用されるようになり、生態系にダメージを与えている。

農薬はカメムシだけを殺すというわけではなく、どんな虫でも殺してしまう。その被害が顕著なのがミツバチだ。ミツバチが集団で失踪、死んでしまう「蜂群《ほうぐん》崩壊症候群《ほうかいしょうこうぐん》」の原因が、このネオニコチノイド系農薬だと言われている。

EU（欧州連合）では二〇一三年一二月より、全域での使用が禁止になった。日本では何の措置もとられておらず、農業だけではなく家庭園芸やシロアリ駆除でも使われている。生態系に大きな影響を及ぼす農薬の使用は、考え直す必要がある。

キバラヘリカメムシ

エサキモンキツノカメムシ

アカシマサシガメ

ヤニサシガメ

シマサシガメの捕食

台風

雨垂れの
吹き飛び散りし
野分かな

台風の上陸は毎年の恒例だ。夏にダムが干上がってしまったときも、たった一個の台風が来て、取水制限が解かれることもある。だが、時としてまったく上陸しない年もあれば、大型台風がいくつも上陸したり、一〇月になってから上陸する年もある。

台風は夏に多く発生するが、夏は日本列島が太平洋高気圧にすっぽり覆われていて、なかなか近寄ることができない。秋になって太平洋高気圧がゆるくなると上陸しやすくなるため、台風シーズンは秋になる。

句会で吟行※をしていると、秋に桜が咲いているのを見ることがある。これは、台風などで、早めに葉っぱが落ちてしまい、休眠物質のアブシシン酸をつくれなくなった桜が、暖かさで春と勘違いして秋に咲いてしまうという現象だそうだ。アブシシン酸は葉っぱでつくられ、冬芽をつくる働きをする。

話を聞いている植物たち

ある年の一〇月半ば、風の強い台風がやって来て、庭で一番大きな素焼きの鉢植えをなぎ倒していった。ほかにも小さな鉢がたくさんあるのに……。

倒された鉢には、ブッドレアという蝶の好きな花が植わっている。小さな苗から育てたのだが、気がつくと鉢の底から太い根が出て、平板レンガの割れ目から地面にまで張りだしていた。このままでは平板レンガがひび割れてしまうだろうし、冬には根を切って、鉢から出して小さく仕立て直そうなどと、ブッドレアを前に二人で話していたところだったのだ。すると、台風で鉢は大きく傾き、なんと根っこが地面から取れてしまった。察するにこのブッドレア、刃物で根を切られるのがよほど嫌だったのだろう。

　いつだったかも、地植えの沈丁花《ジンチョウゲ》の植え替えは難しいけれど、月桂樹は何があっても大丈夫、と話していたら、意外にも沈丁花は大丈夫で、月桂樹が枯れてしまったことがある。きっと植物たちは話を聞いて、大丈夫だよと言ったり、気にかけてよと言ったりしているに違いない。

　それを逆手にとって、積極的に話しかけるという手も使う。特に観葉植物や植木鉢の植物の植え替えを予定しているときは、実行する二四時間前に告げておく。移植後、いかに快適な環境になるかも話す。すると、たいがい嫌がらずに、するりと鉢から抜けだしてくれるのだ。

自然界の剪定

　台風が過ぎると「台風一過」。ぐんと気温が下がって、秋晴れのさわやかな天気が続く。台風が過ぎ去ったあとは、そこここに折れた枝が散らばっている。まるで自然界が剪定をしているようだ。

　秋の暴風を表わす言葉に「野分《のわけ》（俳句では主に「のわき」と読む）」というのもある。これは、野の草を引き分けるほどの強い風、というところからきている。

※作句のために、野外を散策し題材を探すこと。

露

露の玉
ひとつひとつに
月明かり

植物の命運を分ける

私たちは「茶どころ」と言われるお茶の産地に住んでいる。引っ越してきたばかりのころ、お茶畑に立っている扇風機のようなものがくっついた五メートルほどの柱が謎だった。どうやら「防霜《ぼうそう》ファン」というものらしい。夜露は風のない晴れた夜に発生するので、風をあてることで、茶を霜の被害から防ぐのだ。

夜露のあたる所とあたらない所では植物の生育は違ってくる。たとえばタマリュウなどを地植えした場合、軒下では水やりをしないと枯れやすいが、軒から外してやると、ほとんど水やりをしなくても元気に育つ確率が高い。夜露があたるかあたらないかの、わずかな違いが命運を分けるのだ。日本に多様な植物が生育するのは、雨が多いこともあるが、夜露が降りることが、けっこう大きなポイントなのかもしれない。

夜露はどこでも普通に降りるものと思っていたら、大間違い。アメリカでのこと。キャンプ場に夜になってから到着し、寝る場所を探して歩いていると、何かにつまずくではないか。見るとあちこちに、テントも張らず、寝袋だけで寝ているキャンパーたちがいる。露が降りないから、テントは必要ないらしい。日本は湿度が高いので、空気中の水分が結露しやすいのだ。

虫がのどを潤す

露が植物の葉に残っている朝方は、いろいろな虫がのどを潤しにやって来る。露は虫たちの水分補給にも役に立っているのだ。

朝、露の降りている庭に太陽の光があたるとき、すべての汚れが清められたようなすがすがしさを感じる。また、真冬の夜中に夜露が降りて小さな氷の結晶となり、月の光に照らされた地面は、ダイヤモンドの粒をちりばめたようだ。

秋の気配

「白露《はくろ》」という言葉がある。草花に朝露が宿り、秋の気配が感じられるころのことを言う。まだ秋の初めのころの季語だ。「露時雨《しぐれ》」という言葉もある。露がたくさん降りて、時雨が降ったようになることを言う。「露けし」は露にぬれて湿っぽいという意味だ。

晩秋になってくると、「露霜《つゆじも》」「水霜《みづしも》」などと、露から派生して霜にまで発展していく季語もある。「露寒《つゆさむ》」となると、冬ももうすぐそこに。

白露

秋の蚊とトンボ〈蜻蛉〉

残る蚊や
遅生まれにて
苦労せり

敵ながらあっぱれなヤツ

庭仕事をしていると、九月ごろの蚊が一番強烈に刺してくるような気がする。科学的な根拠があるわけではなく、秋口の涼風が吹くころになってまで刺されるのは納得できない、という心理的なものなのかもしれない。暖かい日が多い年は一一月ごろでも、鬱蒼とした庭では蚊が飛んでいる。

蚊は、血液凝固を防いで楽に吸血できる酵素、吸われる人が針を刺される痛みに気づかないような局所麻酔剤、吸った血液を消化する成分など、あの小さな体にたくさんの薬剤をしこんでいる。そう考えると、敵ながらなかなかあっぱれな生き物だ。

蚊の多い庭

「うちの庭には蚊が多くて困っている」という相談を受けることが多い。じょうろやバケツ、発泡スチロールの箱などを外に置きっぱなしにしておくと雨水がたまって、蚊が卵を産みに来る。まずは庭を見まわって、水がたまっているものがないかチェックすることだ。睡蓮鉢などには、金魚やメダカを数匹入れておくとボ

ウフラを食べてくれる。

また、蚊が多い家の庭には、アジサイ（紫陽花）、シモツケ（繡線菊）、コデマリ（小手毬）、ヤマブキ（山吹）など、足もとでこんもりと茂る灌木が多い。いくつかを根から抜いたり、下枝を思いきって整理して、地際の風通しをよくすることだ。膝ぐらいの高さの雑草を茂らせっぱなしにしておいても、蚊の温床になる。五センチぐらいの高さで雑草を切りそろえよう。

蚊がいなければトンボもいない

トンボが庭でホバリングしながら飛んでいるときは、蚊などの小さな虫を食べている。昆虫学者の矢島稔さんは、「トンボを増やそうと思ったら、蚊も増やさないと。トンボはいいけど蚊は嫌だと言っていたら、トンボは増えない。トンボを増やす運動は蚊を増やす運動でもあるんです」と言っている。

農薬を使用しないわが家では、周りに緑が多く、いかにも蚊がいそうな雰囲気なのに、訪ねてきた人からは、思ったよりずっと蚊が少ないと言われる。それは、きっとトンボなどの天敵がたくさんいるからだろう。トンボが来てくれるような庭を目指せば、きっと蚊は少なくなるに違いない。

トンボの産卵

ある時、うちの庭の水鉢に中型のトンボが来て、しきりに尻を水に打ちつけていた。どうやら産卵しているらしい。

トンボは種《しゅ》によって、打水《だすい》産卵（水に産卵）するもの、打泥《だでい》産卵（泥水などに産卵）するもの、打空《だくう》産卵（空中から卵を産み落とす）するものがあるという。打空産卵は、水のある所に空からばらまくのかと思ったら、なんと水のまったくないような所にばらまく種類もいるらしい。リスアカネは、産卵時に水がなくても春になって卵が孵《かえ》るころになると水が増える所に打空産卵するし、ノシメトンボは草むらに、オオアオイトトンボは高い木の枝に産卵する。

トンボの産卵ひとつとっても、本当にさまざまだ。世界は不思議であふれている。

種採《たねとり》

種採りて
袋にその名
書きにけり

家宝種《かほうしゅ》

最近、ようやくタネの問題が注目されるようになった。現在売られているタネは、花でも野菜でも「F1」といって、同じ種類の中で形や大きさが優位で、色がきれいなものを選んで掛けあわせ、一世代限りの優勢なものを生みだすタネだ。このようなタネを大手の種苗会社が販売することによって、地域の在来種※のタネが採られなくなっていった。

たとえば、一九八〇年の農林水産省「野菜の地方品種」によると、大根は全国で一一〇品種がつくられていたという。今やどうだろう。大根といえば、青首大根ばかり。

すべて手作業で農業を行なっていた時代にはよい株を採種用に残すことができたが、機械化するとタネ用の株を畑の途中に残すのは面倒くさいことになる。そうやって、農家の自家採取によって受け継がれてきた家宝種のタネは減っていったのではないだろうか。

遺伝子組み換え

種苗会社のタネの独占化のほかに、もうひとつ、遺伝子組み換えの問題がある。遺伝子組み換えナタネの国内作付け申請に対し、有識者と言われる人たちが、

・生態系に影響を与えることはない
・アレルギーを引き起こすこともない
・ほかの作物と交配することもない

と結論づけ、農林水産省では承認する方向に向かっている。

だが二〇〇五年には、荷揚げ港を中心にこぼれ種から自生し、世代交代して異なる遺伝子組み換え作物間

で交雑した例が報告されている。さらに二〇一〇年には、自生している遺伝子組み換えナタネと雑草のイヌガラシが交雑している植物が発見された。遺伝子組み換えナタネと同様に除草剤に対して耐性を獲得しているという。

タネ採り作業&交換会

春まきの草花の種子は秋に採取する。このタネ採りの作業は昔はよく見かけられ、ご近所や友人同士で、はたまた園芸好き同士でタネの交換をしたものだ。ヒマワリや朝顔のタネなどが最も一般的だったと思うが、今ではすっかり「タネは買うもの」となってしまった。

そんななかでも、野菜に関しては、在来種のタネの交換会をする動きも出てきているし、固定種を扱うタネ屋さんもある。タネから芽が出たときは、大地の恵みを感じられるひと時だ。

※固定種とは品種改良後、安定した種《しゅ》として同じ形質の子孫を残せるもの。在来種はその地域で長い時間をかけて定着したもの。固有種はその地域に限られた固有の種。

秋分

金木犀《キンモクセイ》

散りしいて
小《ち》さき星屑
金木犀

木犀いろいろ

金木犀は最近でこそあまり植えられないが、ちょっと古い庭なら、たいがい一本や二本植えられている。この木の特徴はなんといっても花の香りにある。遠くからでも風に乗ってやって来る、あのなんとも言えないにおい。

日陰に耐え、常緑で刈り込みに強いので、形をつくりやすい。そのため、よく目隠しに使われる。

銀木犀《ギンモクセイ》という白花もあるが、金木犀よりも香りが弱い気がする。また、金木犀は雄の木ばかりで実がなら

ないと言われる。たまに実がなっている木もあるが、じつはこれはウスギモクセイ。ウスギモクセイは銀木犀によく似ているが、ほんの少し花の色が違い、黄色がかった白の花を咲かせる。

ヒイラギモクセイは北側に植える

ヒイラギモクセイは、葉っぱに鋭いぎざぎざがあり、防犯もかねて生け垣にされることが多い。これが最近、ヘリグロテントウノミハムシという舌をかみそうな名前の小さな虫に食害され、丸坊主になってしまったり、枯れてしまったりしている。ヒイラギモクセイは乾きに弱いので、日のよくあたる南側の生け垣にするよりも、あまり日のあたらない北側にしたほうが地面が乾きにくく、木が弱らないので、食害されにくいようだ。

ヘリグロテントウノミハムシは、金木犀や銀木犀も食害するが、今のところ壊滅的な食べ方はされていない。むしろヒイラギモクセイのほうがひどい。

香り

金木犀やクチナシ（梔子）は、昔、トイレが汲み取り式だったころ、トイレの近くに植えられたという。若い子が金木犀のにおいをかいで、「あ、トイレの香り」と言うのを聞き、「トイレの芳香剤のにおいのほうが金木犀を真似したんだよ」と思うのだが、あながち間違いでもないのかもしれない。夏はクチナシ、秋は金木犀、早春には沈丁花と、トイレのそばに植えておけば、どの季節でも快適に用が足せたのだろうな。

ウスギモクセイ

ヒイラギモクセイ
ヘリグロテントウノミハムシに食べられてしまう

小鳥来《く》る

小鳥来る
庭の手入れを
確かめに

「小鳥」というかわいい言葉は、春の季語だと思っていたら、なんと秋の季語。「小鳥来る」「小鳥渡る」などがそのいい例だ。『角川俳句大歳時記　秋』によると、「尉鶲《じょうびたき》、連雀《れんじゃく》、花鶏《あとり》、鶸《ひわ》など、秋に渡ってくる小鳥たちや、留鳥《りゅうちょう》のカラ類など、秋に山地から平野に下りてくる小鳥たちのことをいう」とある。要するに、それまでは山間部で鳴いていた鳥たちが、庭先にやって来る季節ということだろうか。

スズメ

私たちに最もなじみ深い小鳥といえば、スズメだろう。スズメは一年中いて、「雀」だけでは季語にならないが、「稲雀《いなすずめ》」となると秋の季語になる。

稲がたわわに実ってくると、スズメが群れをなしてやって来る。私たちがよく行くホームセンターには、大型の精米機が外の駐車場に隣接して設置されている。その精米機の上部にかけられている屋根に、一〇羽だか一五羽だかのスズメが常時待機している。そう、精米した米のおこぼれを狙っているのだ。人間に気づかれないように、離れた所からじーっと様子をうかがう姿を見ると、つい笑ってしまう。

しかし、スズメは近年、数が減っているらしい。スズメの個体数減少について調査・研究をすすめる三上修さんの『スズメの謎』によると、この二〇年で二分の一ぐらいに減少しているのではないかと推測されるそうだ。近年、人間の住環境が変わり、気密性の高い家の建て方になったことで瓦屋根が減り、スズメが巣をつくりにくくなったこと、空き地などが減少し、餌を取りにくくなったことで少子化傾向にあること、などがその理由らしい。

スズメの主な食べ物は雑草の種子。みんなが嫌う雑草も、スズメが種子を食べることによって、数をコントロールしてくれているのかもしれない。もちろん、繁殖期には昆虫も食べるし、秋には稲も食べてしまう(稲についている虫を食べているという説もある)。でもよく観察してみると、ほっぺの黒丸が愛らしい小鳥である。

モズ

モズの早贄《はやにえ》を見たことがある人はそう多くないだろう。植木屋をしていると、一年に一度ぐらい見ることができる。モズがカマキリやトカゲなどを枝に刺すことを言う。秋の最初の獲物を生贄として捧げたという言い伝えがあり、そこから「早贄」というらしい。

早贄用の枝はユズなどの柑橘類が多く、まれに直角に短い枝の出ている梅も使われていることがある。干からびて枝や棘に通されている獲物たちの姿は、なんとも言えないが、どうしてモズ類だけがこういうことをするのか、今もって謎らしい。冬の食料として保存しているという説もあるが、おそらく鳥はあんなに干からびたものを好んでは食べないだろう。「鵙《もず》の贄《にえ》」も秋の季語。

モズは「百舌」「百舌鳥」とも書くが、それはいろいろな鳥の鳴き声を真似て、複雑にさえずるからと言われている。高い所から一気に降下して獲物を仕留めるさまが、まるで小さな猛禽類のようだ。だが、案外お人好しで、カッコウに托《たく》卵《らん》されたりする。私たちが土を掘ったりしていると、すぐそばまでやって来てキチキチキチと鳴く。人怖じしない性格なのかもしれない。

モズの早贄

《コラム》

アリランの青い鳥

鳥の調査で、捕獲した鳥に足環をつけて、再び空へ放すことを「バンディング」（標識調査）という。バンディングで、いつ誰がどこでこの鳥に足環をつけて放したか、すべてわかるようになっていると、野鳥の会の鳥友だちから聞いた。私たちがそのことに興味を示すと、彼女はさらに、『アリランの青い鳥』（遠藤公男著）の話をしてくれた。それは、奇跡のような話だった。

一九六四年五月、北朝鮮科学院生物学研究所のウォン・ホング（元洪九）所長から山階鳥類研究所へ一通の手紙が届いた。手紙には、「日本の足環をつけたシベリアムクドリを北朝鮮で捕獲したが、このシベリアムクドリはいつ誰が放したものか調べてほしい」とあった。シベリアムクドリは日本に渡らないのに、日本の足環をしていたので、ウォン・ホング所長は不思議に思ったのだ。

そこで、山階鳥類研究所で調べたところ、一九六三年六月六日にソウル郊外の清涼里《チョンニャンニ》で、韓国の鳥類の博士であるウォン・ピョンオー（元炳旿）が放したことがわかった。その日本の足環はピョンオー博士が一九六〇年五月に、東京で開かれた「第一二回国際鳥類保護会議」に、韓国代表として参加した際、山階鳥類研究所でもらったものだった。

そのことを知ったウォン・ホング所長は、一九五〇年に起きた朝鮮動乱で離別し消息不明になった息子と同姓同名だったことに驚いた。だが、手紙は英語だったために、再び山階鳥類研究所へ連絡して、名前の漢字表記を確かめた。「炳旿」。この漢字を使っている名前は非常に珍しいうえに、「ウォン（元）」という姓も、韓国ではあまりないという。ウォン所長は子どもだったピョンオーを連れて野山を歩きまわり、野鳥の標本づくりをしたことを思いだした。ウォン・ピョンオーは一時も忘れることのなかった生き別れた息子であると確信した。この小さな銀色の渡り鳥が、息子が生きていることを伝えたのだ。

一九六五年、北朝鮮労働新聞はウォン・ホング所長と息子の劇的なめぐりあいの物語を載せた。それはソビエトの新聞プラウダに載り、世界的なニュースになった。ニューヨーク・タイムズが記事を書き、日本の新聞が載せ、最後に韓国の新聞も報道して多くの人の涙を誘ったという。

この親子をつないだのは、小さな足環をしたシベリアムクドリだったのだ。

ウォン親子は、五〇〇万人とも一〇〇〇万人とも言われる朝鮮動乱の離散家族のうち、消息のわかった第一号になったという。

「小鳥来る」という季語を見るたびに、私たちは『アリランの青い鳥』の話を思いだす。

木《こ》の実《み》

鳥たちの
千客万来
檀《まゆみ》の実

秋は木の実の季節。「木《こ》の実《み》」や「木の実落つ」「木の実降る」「木の実雨」など、素敵な季語もたくさんあるが、これらはどんな木の実にも使えるというわけではない。櫟《クヌギ》、樫《カシ》、椎《シイ》、楢《ナラ》などのドングリ類に使うことができる、庭向きではなく、里山向きの季語だ。

マユミ

わが家には大ぶりのマユミの木が一本ある。マユミは、漢字にすると、檀とも真弓とも書く。この実は鳥たちに大人気。薄桃色の四角い蒴果《さくか》の中から、熟した真っ赤な実が現われるのだが、そのピンクと赤のコントラストがじつに愛らしい。この実を求めていろいろな鳥たちがやって来る。

毎日来て長々居座っているのは、小型のキツツキであるコゲラ。ほかにも、メジロ、シジュウカラ、ジョウビタキ、ヒヨドリ、スズメ、カラス、エナガが実を食べにやって来る。マユミは、庭にいながらバードウォッチングができる、鳥好きにはたまらない木なのである。ただし、キバラヘリカメムシの大量発生にはご用心を。

ナンテン（南天）

ナンテンの実（実南天）は、お赤飯には欠かせない。そもそもナンテンの葉には防腐効果があるから、食べ物の下に敷いたのだという。私たちも重箱の中や皿に添えたりして、重宝している。また、ナンテンがよくお手洗いのそばに植えられていたのは、「不浄を清める」という縁起かつぎと、お手洗いに水がなかったころ、葉の抗菌力で手を清めるためだったとか。

ムラサキシキブ

庭でムラサキシキブ（紫式部）と呼ばれているものは、たいがいがコムラサキシキブ（小紫式部）という園芸種だ。これも鳥たちに人気が高い。特にジョウビタキがうちの庭でよく食べているのを見かける。

ハナミズキとミズキ

庭や街路樹で赤い実が目立つといえば、ハナミズキだ。ハナミズキは、一九一二年に東京がアメリカに桜を贈ったお礼にアメリカから送られてきた。

ハナミズキの実

ミズキの実

「花水木」は春の季語だが、「花水木の実」は季語にはない。だが、「水木の実」という秋の季語があることから、ミズキの実をハナミズキの実と混同している人が多い。この二つは別種である。

ミズキは春先に枝を切ると、水のような樹液がしたたることからこの名前がついた。そして、ミズキの実は赤ではなく、黒い。

わが家の庭から自然植生のミズキの大木が見えるのだが、実をカラスとヒヨドリが特に好んで食べに来る。ある年の秋には猿も食べていたので、見かけによらずおいしいのだろう。それに比べ、ハナミズキは本にはいろいろな鳥が食べると書いてあるが、そんなにおいしくないように思う。鳥にあまり食べられないからこそ、赤いまま長く残っているのではないだろうか？

鳥たちは、虫たちがいなくなる秋から冬の間、木の実を食べて命をつなぐ。

紅葉・黄葉

青空に
銀杏《いちょう》黄葉《もみじ》の
仁王立ち

カツラ

乳イチョウ
気根が乳のように垂れ下がっている

秋も深まり葉が赤や黄色になるのは、昼間の時間が短くなると、クロロフィルという緑色の色素の活動が低下して老化現象を起こし、葉のもともとの色の赤や黄色が表面に現われてくるから。つまり、私たちは排泄物となった葉っぱを見て、「きれいだ」と言ったり、一句詠んだりしているというわけだ。

カツラ（桂）の花

カツラは山野に自生する日本原産の落葉樹だが、街路樹などで見かけることも多い。雄と雌があり、春四月には目立たないが愛らしいピンク色の花をつける。葉の色は淡いグリーンでさわやかなうえに、葉っぱの形はハート形。何から何まで素晴らしいのだが、放っておくと三〇メートルにもなるので、都市部の住宅街の庭などには向かない。だが、この木の黄葉は見事だ。広い庭があったらぜひ一本ほしい木だ。

イチョウ（銀杏）の葉っぱ

私が特に好きな秋の葉っぱはイチョウ。
一本のイチョウの木でも、葉っぱの形はさまざまだ。

切れこみの深いもの、浅いもの、変形のものなど、いろいろ探しているといつの間にか時間が過ぎていく。そして、読みかけたままの本に、その名残が挟まっていることもある。

イチョウは街路樹ではおなじみだが、自然植生はすでになく、絶滅しているのではないかと言われている。さらに、ギンナンの実が臭いからと嫌われ、近年新しく植えられる場合は雄ばかり。古くからある街路樹では、たまに雌が交じっていて、早朝から路上に落ちたギンナンの激しい争奪戦が繰り広げられる。

上野にある美術館に、ミケランジェロ展を観に行った帰り道、イチョウの幹からコブが垂れ下がっているものがあった。こんなコブ、見たことがないと写真を撮って調べてみたら、「乳《ちち》イチョウ」というのだそうだ。根の一種である気根が乳房のように多数垂れ下がっている姿からこう呼ばれるそうで、老木に多い。仙台市の国立仙台病院東側にある「苦竹《にがたけ》のイチョウ」は樹齢一二〇〇年以上とも推定され、子どもの健やかな成長や、母乳がよく出るようにとの祈願の対象になっている。

残念ながら「銀杏」だけでは季語にはなっていない。花と芽が春、若葉が夏、実と黄葉が秋、落葉が冬の季語になっている。

枯れ葉

「枯れ葉」は冬の季語だが、もし葉が落ちないで枯れてついたままなら、それは木が弱っているのかもしれないし、枯れているのかもしれない。普通の状態であれば、木自身で枯れた葉を落とす力がある。それができないのは、何かしらの理由で水がうまく上げられずに弱っているということだ。

たとえば、夏の極度の乾燥や近くの工事で根が切られたり、コンクリートが使われたりしたというような、環境の変化が考えられる。移植した場合も葉が枯れることがあるし、カミキリムシの幼虫の食害で枯れている場合もある。ただし、カシワ（柏）やコナラは次の新葉が出てくるまで、枯れた葉をつけたままだ。

柿

木守柿
しづかに鳥に
食《は》まれたり

日本の代表的な果物といえば、柿ではないだろうか。カナダのガーデナーに聞いたら、カナダではほとんど食べないと言っていた。それに比べ、日本では甘柿、渋柿、多くの種類が庭に植えられている。

学名は「*Diospyros kaki*《ディオスピーロス・カキ》」。「神から与えられた食べ物」という意味があるそうだ。なにしろビタミンCが豊富で、その含有率はイチゴやキウイやオレンジよりも高いという。

木守柿《きもりがき》

冬の季語に「木守柿」というのがある（「こもりがき」ともいう）。柿の木に一つか二つ残しておく実のことだ。歳時記を見ると、鳥にやるためとか、来年も豊作になるように、などと書いてある。

鳥はものすごく記憶力も目もよい。だから、自分の食べ物である柿が残されていると、「この庭はいい庭だな～」と思うかどうかは知らないが、テリトリーとしたいはず。そういうわけで、芋虫や毛虫、カメムシが発生する時期でも、木守柿を残してくれた庭にパトロールに来て、適度に虫を食べてくれて、だからまた豊作になる、ということなのではないだろうか。

剪定

柿の剪定は実のなる時期に、収穫をかねてやると一石二鳥。まだ葉が落ちきっていないうちに剪定すれば、落ち葉掃除も少しは楽になる。剪定は、伸びすぎた枝

やこみあっている枝を抜いて、全体的にバランスが取れ、感じがよくなればそれでいい。もしちょうどいい所に残せるなら、鳥のために実を二〜三個、木につけたままにしておいてあげられれば、なおのことよい。

干し柿

私たちは干し柿が大好物で、たいへんな思いをしてむいた柿を二階の物干しに吊るす。だんだん甘くなってきたころ、ヒヨドリにつつかれた痕があり、ネットをかけて防いだと思ったら、次は猿がネットを持ち上げて食べてしまった。その時の私の怒りようといったら、威嚇してくる猿よりも怖かったかもしれない。

葉

柿の緑のつややかな葉っぱも大好きだ。若葉は天ぷらで食べるとかすかな甘みがあっておいしいし、柿の葉の香りがさわやかな柿の葉寿司も捨てがたい。「柿若葉」は夏の季語。

落果

夏の間に、実が小さいうちに落ちてしまうのは、多くの場合虫のせいではなく、「生理落果」による。受粉が不十分な場合や実を多くつけた場合などに、条件のよくない実から落とすと思われる。受粉していない実は落果しやすいので、庭ではあまり受粉を必要としない種類を植えることが多い。たとえば平核無《ひらたねなし》（種なしの渋柿）や会津身不知《あいづみしらず》（西念寺柿）は受粉をしなくても実をつけやすく、次郎柿や富有柿は受粉しないと落果しやすくなる。

ほかに、木の強剪定をしたあとなど、枝や葉の成長が優先されて、実まで栄養が回らないので落果するという理由もある。この場合は、強剪定を少し控えるか、施肥をする際、枝葉の成長を促進する窒素分を控えるといい。

蛇《へび》穴《あな》に入《い》る

石の上
肥えて艶めく
秋の蛇

食うものと食われるもの

ヘビというと毒があるとか（実際には毒のあるヘビは日本には数種しかいない）、聖書でアダムとイブをそそのかして知恵の実を食べさせたとか、悪いイメージが多い。けれども、シロアリやネズミの天敵でもある。そんなヘビも簡単に獲物にありつけるわけではない。なんと、ヤモリがヘビに巻きつかれて絞められ、動けなくなっていたところに、もう一匹ヤモリが現われ、果敢にもヘビに突撃して、仲間を救ったという映像を見たことがある。下手をしたら、自分がやられて

しまうにもかかわらず、動物たちも仲間を救ったりするということに、ちょっと感動した。ヘビにとっては災難だったが。

また、わが家の巣箱でヤマガラがヒナを育てている最中に、シマヘビが巣に入ったことがある。ずっとヤマガラの子育てを観察してきた私たちは、あわててヘビを火ばさみでつまみだした。しかし、あとから考えると、ヘビもお腹がすいていたのだ。私たちのしたことは正しかったのだろうか……と、その後しばらく自問してしまった。いつも思うのだが、食う食われるの関係は、どちらの目線で見るかによって、「かわいそう」と思うものが違ってくる。善も悪もないのが自然界なのだ。

穴惑い

吟行をしていたとき、一匹のヘビが、石垣の隙間に入ろうともがいているが、隙間が小さくてなかなか入れず、入ろうとしたり戻ったり、という場面に出くわした。すると、俳句の先生が「こういうのを『穴惑い』というのよ」と教えてくれた。秋になって冬眠しようとしているヘビが、さまよっているものを指して、そういうらしい。だが、さまよっているというよりは、穴に入ろうとしてなかなか入れない、この感じがまさに「穴惑い」という雰囲気だった。穴にすっと入れば、「蛇穴に入る《い》」という季語もある。

穴とは関係なく、秋にヘビを見れば、「秋の蛇」。ヘビの季語としては、春は「蛇穴を出づ《い》」、夏は「蛇」「蛇衣《へびきぬ》（または「皮」）を脱ぐ」などがある。

脚立を登るヘビ

ある時、大学の構内でフィールドワークをしていて、木の下に置いてある脚立をシマヘビが登っていくのを見た。一段登るごとに首をもたげて次の一段へ。ヘビが脚立を登る姿なんて、見たことのある人はそうそういないだろう。なんとも不思議な光景で、その優美さに、思わず参加者一同見とれてしまった。

わが家の猫は時々シマヘビの赤ちゃんを仕留めてしまう。食べるというより、動いているものをつい狩ってしまう習性ゆえだろう。猫がヘビの天敵であることを知っているのか、わが家の巣箱の住人、シジュウカラやヤマガラは、猫が木の下で寝そべっていても気にしない。微妙な共生関係が成り立っているのだろうか。

抜け殻

ヘビは臆病で、めったに人間の前に姿を現わさない。それでも、たまに庭でヘビの抜け殻に出くわすことがある。ある時、しばらく放置されたままぼうぼうになったツゲの枝に、ヘビの抜け殻があった。きっと、ツゲの細かい葉や枝に体をすりつけて、ひっかけながら脱皮していくのだろう。あんなに長い体で、どうやって脱皮するのだろうという長年の疑問がひとつ解けた。

右利きのヘビと左利きのヘビ

なんと、ヘビにも右利き左利きがあるらしい。だが待てよ、ヘビには手がないではないか!?

二〇一三年一〇月二八日付朝日新聞デジタル版の記事は、京都大学の細将貴《ほそまさき》特定助教（進化生物学）の話を以下のようにまとめている。

「カタツムリを食べるとき、ヘビは左右のあごを別々に動かし、殻の奥に逃げ込んだカタツムリを引きずり出す。右巻きなら、ぎっしり並んだ右の歯でしっかり食いしばり、左の歯を奥に差し込んで引きずり出す。その際、ヘビは顔の右側を必ず上にしてかみつく」

これを「右利きのヘビ」とすると、右利きのヘビがいる所では左巻きのカタツムリが多い傾向にあるという。右利きヘビの捕食から逃がれられたのは左巻きカタツムリだったために、右巻きから左巻きへと進化したという説明で記事は結ばれていた。

それにしても、手がないヘビにも右利き左利きがいるとは……。

冬

立冬《りっとう》　一一月七日ごろ

小雪《しょうせつ》　一一月二二日ごろ

大雪《たいせつ》　一二月七日ごろ

冬至《とうじ》　一二月二二日ごろ

小寒《しょうかん》　一月五日ごろ

大寒《だいかん》　一月二〇日ごろ

春 夏 秋 冬

立冬

時雨《しぐれ》

軒先を
鳥かすめゆく
時雨かな

ドラマチックなお天気

晩秋から初冬にかけて、晴れていたと思ったらにわかにかき曇り、突然雨が降ってくることがある。しばらくするとやむので、庭仕事を始めると、また降りだす。体が芯から冷えてくる。そんな雨のことを「時雨《しぐれ》」という。

なんでも松尾芭蕉は「時雨」という季語をとても好んだそうで、多くの句が残されている。今までは「時雨」といえば、「しぐれ煮」「しぐれアイス」など、食べ物しか思いつかなかった食いしん坊の私たちだが、言葉の意味を知ると情景が目に浮かぶ。

とはいえ、晴れていたのが急に曇って雨が降ったりやんだりするなんて、ただでさえ寒い冬なのに、どこがそんなにいいのかわからなかった。たんなる植木屋泣かせの天気ではないか。

だが、俳句を作るようになると、一日のうちで、これほどドラマチックな変化に富む天気はなかなかないだろうと思うようになった。芭蕉が好んだのも、うなずける。

夏の夕立とは趣を異にして、降る時雨。本来は、山が迫っている地域、特に奈良や京都の通り雨のことを時雨と呼んだそうで、それが全国に広がったようだ。

寄せては引くようなセミの鳴き声を夏の季語で「蝉時雨」というが、なるほど、鳴きっぱなしではなく、ピタッとやんだかと思うと、また鳴きはじめる、というのを繰り返すので、こういうのだなと腑《ふ》に落ちた。

雨宿り

基本的に私たちは、庭仕事の途中で雨に降られたら作業を中止する。今の雨具は、雨をしっかり防いで汗は逃がしてくれるような素材のものが多い。だから雨の中でも作業を続けようと思えばできるのだが、地面がぬれるとどうしても地下足袋の底に泥がついて、脚立や木に登るときに滑りやすくなって危ない。それに、泥の足跡をそこらじゅうにつけることになり、かえって庭を汚してしまう。地面や玄関までの通路などにも雨で落ち葉がこびりついて、掃除もきれいにできない。まずは雨宿り、そして様子見だ。

常緑樹には恵みの雨

冬は庭の土が乾燥している。落葉樹の多くは休眠期に入っているので、そんなに水やりをしなくてもよいが、常緑樹は少し気をつけたほうがよいだろう。というのも、夏の旱天《かんてん》に続き、冬の乾燥もあって、ここ数年、椿《ツバキ》の葉が黄色っぽくなっているのを見かけることが多いのだ。夏の盛りと厳冬期に雨が少なく、常緑樹の根が傷んでいるのかもしれない。そんな時に、時雨がきたら、木もきっと喜ぶに違いない。

冬の木々

山《さ》茶《ざん》花《か》の
八重はらはらと
紅淡き

返り咲きの桜

冬の花というと、本当に数少ない。

私の住むまちでは、一一月ごろにあちこちで桜が咲いている。緋寒桜（寒桜とも）というのだそうだ。この時期に一度咲いたからもう春には咲かないのかといえば、またまためぐってきた春に花をつけるらしい。なんと二度咲きの人生、いや、樹生だ。

たんに「返り咲き」といえば、桜のこと。俳句の世界では、「花」といえば桜のことになってしまうのだ。なので、桜以外の、たとえばヤマブキ（山吹）やツツジ（躑躅）などの狂い咲きを詠む場合は、句の中にその植物の名前を漢字で入れるほうがよいとのこと。

枇杷《ビワ》

枇杷の花も地味で目立たないが冬の花だ。イチジク（無花果）やザクロ（石榴）が庭木としてあまり植えられなくなったなかで、枇杷だけは案外健闘している。それというのも、実を食べたいからという以上に、「ビワの葉療法」という、葉を利用する民間療法が根強い人気を誇っているためかもしれない。若いお客さんも、枇杷の葉で湿布をしたり、お茶にしたりしたいので、植えてく

枇杷の花のつぼみ

れと言う。

　枇杷の花が冬に咲くということを知らない人はけっこう多い。虫もいない冬に咲いてどうするんだろうと思うが、じつはこの花を受粉させているのは、メジロなどを中心にした小型の鳥たちだ。冬咲きの椿もそうだが、このような植物を「鳥媒花」という。もちろん、鳥だけではなくて、実際はかなり寒くなるまでうろうろしているアリや、陽だまりなら冬でも活動しているハエやヒラタアブの仲間なども受粉に一役買ってはいるのだが。

椿と山茶花《サザンカ》

　椿といえば春の季語だが、冬でも葉が青々しているうえに、冬椿や寒椿になると、寒さの中でも咲いている。だからか、庭に一本や二本は植えてある家が多い。茶花としても人気で、わざと虫食いの葉っぱとともに生けるのが粋なんだと、茶道の先生が言っていた。そこにはいない虫の存在まで表わすのだそうで、なるほど、奥が深い。私たち植木屋はそういう真冬に咲く椿を「立寒椿《たちかんつばき》」と呼んでいる。

　冬に咲く代表的な、目立つ花といえば、真っ先に浮かんでくるのが山茶花なのだが、立寒椿と山茶花に違いはあるのだろうか？　基本的には、山茶花は花弁がばらばらと散るが、椿は花ごとポトリと落ちる。また、山茶花は平らに開ききった花を咲かせるが、椿はもう少しつぼんだ感じで咲く。さらに、山茶花の葉の裏には細かい毛があるが椿にはない。

　とはいえ、親しくしている庭木のおろし問屋のオヤジさんが言うには、最近は山茶花と椿の混じったものも多く、見分けるのが難しいということだ。山茶花だと思っていたものが、じつは立寒椿だった、なんてこともあるかもしれない。

　たんに「椿」というと春の季語。冬に咲く椿は「寒椿」「冬椿」で冬の季語。凛とした雰囲気で一句詠めたら素敵なのだけれど。

《コラム》

変わり者

蛾の中には冬に羽化するものがいる。シャクガ科のフユシャクの仲間だ。なぜ、こんな寒い時期に羽化するのだろう？　しかも餌はどうするの？　と疑問だらけの蛾だ。

冬に羽化するメリットは、天敵が少ないから。花の蜜も樹液も少ない冬だが、雌雄ともに口が退化していて、飲まず食わず、まさに交尾と産卵のためだけに活動する。寒い冬の羽化なので、産卵するメスはできるだけエネルギーを節約するためか、翅《はね》が退化しているか、あっても飛ぶことができない。だから、冬の雑木林などで飛んでいるフユシャクは、すべてオスである。

ぐんま昆虫の森名誉園長の矢島稔さんは、若いころ、フユシャクを観察するために、雑木林の近くを歩いていたところ、警察官に職務質問され、「蛾や蝶を見に来た」と答えたが、「そんなもの、冬にいるわけがないだろう！」と、ますますアヤしまれてたいへんだった、というお話をラジオでされていて、さすが矢島先生！と噴きだしてしまった。変わり者はフユシャクのほうなのか、矢島先生のほうなのか……。

落ち葉と焚《た》き火

山《やま》畑《はた》の
人影の無き
焚火跡

焚き火をしなくなって、いや、できなくなって久しい。河原でもキャンプ場でも「直火禁止」の立て札があるくらいだ。昔は落ち葉を掃きためて火をつけ、その中にサツマイモを入れて焼いたりしたものだが。

受難の童謡

「たきび」という童謡がある。この歌には、数々の苦難がつきまとった。

最初は、太平洋戦争のとき。「落ち葉も貴重な資源、風呂ぐらいは焚ける」「焚き火は敵機の攻撃目標になる」という理由で軍当局からクレームがつき、放送禁止になってしまった。

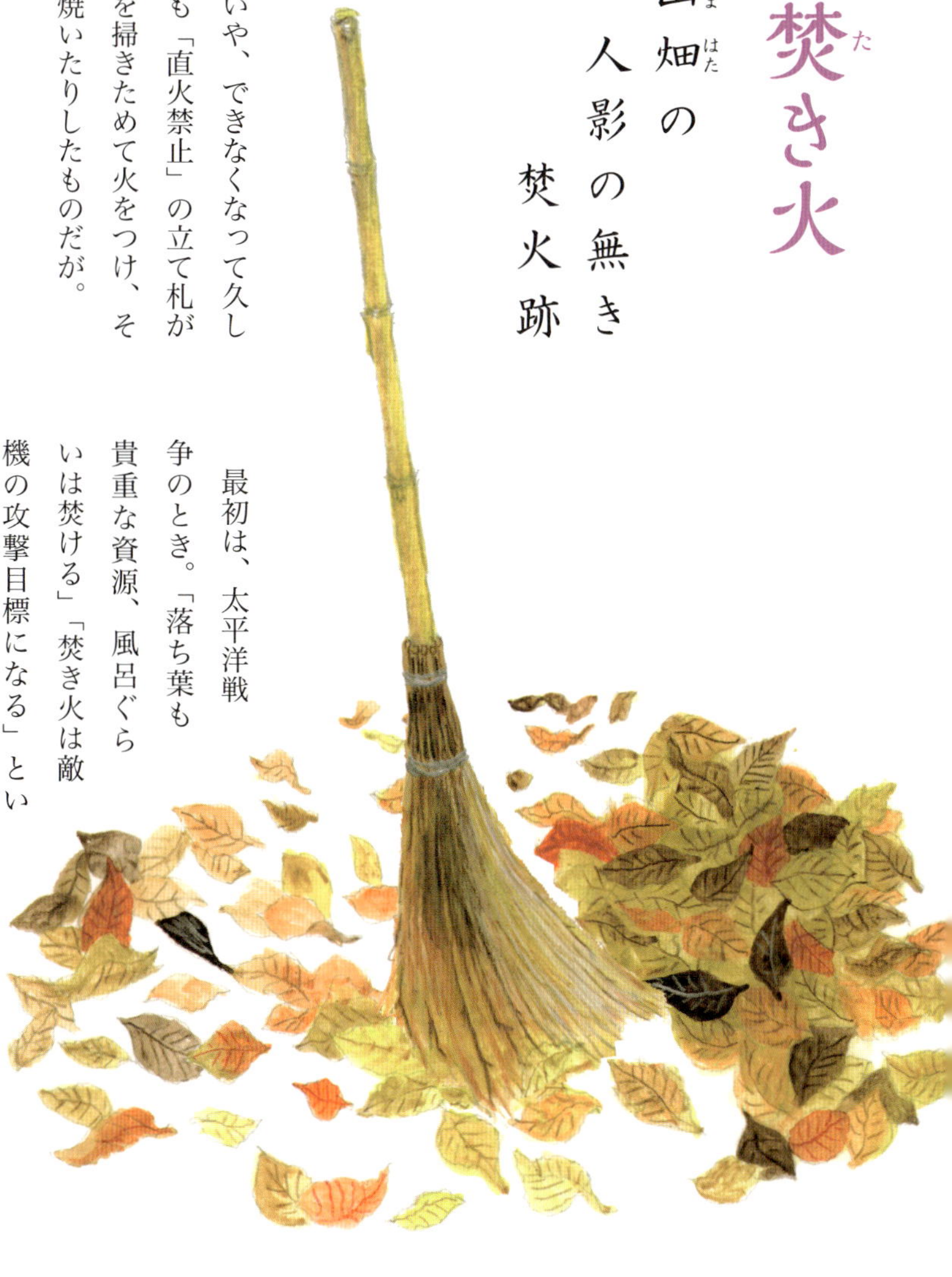

戦争が終わってからは、各社の小学校低学年の音楽の教科書に挿し絵入りで掲載されたが、今度は、消防庁から「町かどの焚き火は危険」とクレームがつき、挿し絵に水バケツを入れるなど工夫しなければならなかったという。

そして近年では、焼却ごみのダイオキシン問題もあり、焚き火が問題視されるようになった。そのせいか、最近は教科書に載せない方向だという話を聞いた。

野外で火を燃やすことは二〇〇一年に改正された廃棄物処理法で禁止されたが、「たき火その他日常生活での軽微な焼却」「風俗慣習上・宗教上の焼却」「農業・林業・漁業を営むためにやむを得ない焼却」は例外になっている。また、愛好家たちによる日本焚火学会なるものまで存在する。

落ち葉をめぐるトラブル

近年、いろいろな場所で大きな落葉樹がご近所からのクレームで切られている。地域で長年緑を楽しませてくれた木が切られていくのだ。本当は地域の共有の緑として楽しんでもらうこともできるだろうに、なんとも残念だ。野良猫のことを「地域猫」と呼んで、きちんとルールをつくって（去勢・避妊する、排泄物の処理をするなど）円満に飼われている例がある。樹木についても、みんなで落ち葉掃除をしたり、落ち葉堆肥をつくったりして、共有の財産にならないものだろうか。一度切ってしまったものは戻らない。

そこまでの大木でなくても、お隣の落ち葉で雨どいが詰まるとか、風で舞ってきて掃除がたいへんとか、庭木の落ち葉をめぐるトラブルはさまざまだ。

波風を立てたくなくて我慢しているが、そのうちにストレスがたまって矛先が我々植木屋に向くこともままある。剪定中に、隣家の人から「もっと短く切れないの」と怒鳴られたこともある。もっと短くと言われても、持ち主である施主の意向は？と内心思うのだが、直接コミュニケーションをとれないお隣同士のために、私たちが間に入って、お互いの納得する高さに折りあいをつけるなどということもしばしば。そう、植木屋は木さえ切っていればいいというものでもないのだ。

竹ぼうき

落ち葉掃きに使う竹ぼうきは、今やほとんどが外国製で、在来竹ぼうきは絶滅危惧なのだ。一番安いものだと、ホームセンターで八八円で売られているのを見たことがある。でも、安い竹ぼうきは質が悪く、すぐに柄《え》が抜けてしまったり、穂先がばらばらと崩れてしまうので、使い物にならない。植木屋は、使いこんで捨てる寸前の竹ぼうきから、「小ぼうき」という手で握る小さなほうきをつくるのだが、ホームセンターで買ったものは細かい枝がすぐに落ちてしまい、「小ぼうき」をつくることができなくて困っていた。

そんなこともあり、埼玉県日高市で八〇年続く新井竹芸の新井正一さんに、竹ぼうきの作り方を教えてもらった。指導してくれた社長であり竹職人である新井さんでさえ、一〇年も竹ぼうきをつくっていないという。安い外国製品に押され、それだけ日本製は需要がないということだった。しかし、日本の変化に富む気候、雨、風、雪などに鍛えられた丈夫な竹の枝でつくられた竹ぼうきは、質や使いやすさの点で、外国製のものとは格段の差があると、話してくれた。

実際つくってみると、案外手がこんでいて、つくるのがたいへんだった。そして、しなやかで掃きやすいことに気づいた。

だが、竹ぼうきは、いろいろな竹製品をつくったあとの副産物でつくられるので、竹ぼうきだけを国産でつくろうとすると、非常に高価なものになってしまう。石油製品が出まわる前は、ざるも竹製だったし、竹垣も普通につくられていたし、竿だって竹だった。生活のいろいろなところで竹が使われていたなかでの「竹ぼうき」という存在だったのだろう。

出来上がったマイ竹ぼうきで掃除をすると、砂利をよけて落ち葉だけを集めることができる。掃きやすいマイ竹ぼうきだと、仕事ははかどり、掃除までもが楽しくなる。

水仙

水仙の
揺れて映れる
水面《みなも》かな

平安時代にやって来た

庭によく植わっている、何か懐かしさを感じさせる水仙。夏には休眠している水仙も、ふと気がつくと葉を伸ばし、冬の陽だまりでいつの間にやらいい香りの花を咲かせている。

平安末期に中国から渡来したと言われる水仙は、夏の暑さは休眠でしのぎ、花のない冬に薫り高い花を咲かせる貴重な花壇の草花だ。うれしいことに、病虫害にもほとんど縁がない。球根は、チューリップのように毎年咲き終わったら掘り上げる必要もなく、忙しいガーデナーには、何から何までありがたい。

種類も多く、花の大きいもの小さいもの、八重咲きやフレアー状のもの、中央がオレンジ色のもの、真冬から咲くもの、仲春《ちゅうしゅん》（春の三カ月の真ん中という意味。陰暦の二月のことで、新暦だと三月）になってから咲くものなどさまざまだ。なかでもニホンズイセン

は最もよく見る種類で、関東では一二月ごろから咲きはじめる。だからか、「雪中花《せっちゅうか》」という別名もある。「水仙」は冬の季語だが、「黄水仙」は春の季語。

ナルシスト

水仙の属名は*Narcissus*（ナルキッサス、ナルシサス）。ギリシャ神話の、泉に映った自分の姿に恋い焦がれ、憔悴して死んでしまう美少年の名前にちなむことで有名で、そこからうぬぼれの強い人を「ナルシスト」というようになった。

植える時期

水仙を植えるのは、一〇～一一月ごろ。ただし、ニホンズイセンは年内には咲くので、九月下旬～一〇月上旬に植えつけたほうがよい。また、できるだけ日当たりのよい所へ植えると花つきがよくなる。咲き方が悪くなったら休眠中の夏の間に掘り上げて、子芋のような球根を手で割って分球する。球根を植えたままにする場合は、葉を切らずに枯れるにまかせる。花が終わったあとも光合成を促し、球根に栄養をいきわたらせるためである。

草全体に毒がある

二〇一二年五月、ニラの葉と間違えて、水仙の葉を卵とじにして食べてしまった一家が、食中毒で病院に搬送された。幸い命に別状はなかったものの、似たような事故は、毎年起きている。水仙は根と草全体に毒があり、嘔吐、下痢、痙攣、麻痺などの中毒症状を起こすので、絶対に口にしてはいけない。この一家の庭にはニラも水仙も植わっていて間違えたそうだが、そういう場合はまず葉をちぎってにおいをかぐこと。ニラのにおいがすれば、大丈夫。

水仙は四月まで咲くものもあり、寒い日温かい日を繰り返し、徐々に春へ向かっていく。そう、「三寒四温」も冬の季語。そして冬至を過ぎれば「日脚伸《ひあしの》ぶ」、昼の時間も少しずつ長くなってくる。水仙の花に、春がすぐそこまで来ているよと、励まされるような気がする。

綿虫

綿虫の
道案内の
野道かな

アブラムシの生き様

一一月から一二月にかけて、ちらちらと小さな綿のような、白い雪のようなものが舞っているのを見かけることがある。その正体はアブラムシ。白い綿のようなものはアブラムシの分泌物で、分泌物をつけた状態のアブラムシのことを「綿虫」という。

普通、アブラムシは春先から単為生殖を繰り返す。つまり、メスが自分と同じメスを次々とコピーして産みだすクローン増殖だ。しかし、環境への適応力を増すために、年に一度、越冬する前にオスも産み、有性生殖（交尾）をする。

アブラムシには、同じ種《しゅ》でも、翅《はね》のあるタイプ（有《ゆう》翅《し》）とないタイプ（無翅《むし》）がいるのをご存じだろうか？　翅のないものは、もっぱらクローン増殖を繰り返す役割。翅のあるタイプはほかの植物に飛んでいき、コロニーを別の所につくる移動の役割。越冬前は翅があるタイプが多くなる。それというのも、移動して、同種のほかのコロニーのものと交尾するため。

アブラムシは人間からは嫌われるが、生き物の目線でその生態を見ると、なんとも合理的、機能的な生き物である。

生態系を整える虫

アブラムシやカイガラムシは、生態系のバランスが整っている所ではあまり発生せず、発生したとしても大事にはならない。つまり、生態系のバランスが崩れたことを知らせてくれる虫だと言える。だからか、森では大発生せず、排ガスで空気が汚れている所ほど発生しやすいと言われている。そのため、環境の指標生物として使われることもある。最初に大発生して、それを食べるものを養い、さらに鳥のような生態系ピラミッドの上位の生き物を呼びこんで、生態系を豊かにしてくれる生き物なのだ。つまり、劣化した生態系を整えようとして発生するとも考えられる。

だから、目先のアブラムシを殺虫剤で退治することばかりを考えず、どうして発生するのか、生態系のバランスを整えるにはどうしたらいいかを考えたほうが、合理的だ。

雪蛍

俳句では、綿虫の別の呼び名を「雪蛍」や「雪《ゆき》婆《ばんば》」という。「雪蛍」とは、なんとも幻想的な呼び名であるが、「雪婆」はちょっと怖い。いや、ユーモラスと言うべきか……。

冬の花

強くあり
柔らかくあり
石《つ》蕗《わ》の花

ヤツデ（八つ手）

ヤツデは日本の在来種だが、俳句に詠まれるようになったのは、意外や明治以降だという。芭蕉も蕪村も、ヤツデの句を残していない。

しかし、この灌木は日陰にも強く、葉の形も面白く、花の少ない冬に貴重な花を咲かせてくれて、姿もじつにユニーク。

花は丸く見えるが、実際は小さな花が集まっている。そしてヤツデは虫媒花。こんな真冬に咲く花に虫が来るのだろうかと見ていると、次から次へと来る来る。それらはハエやアブの仲間だった。花の少ないこの時期、ヤツデは優先的に花粉を運んでもらえるのだ。

しかも、花は両性花で、ひとつの花が咲きはじめは雄花、次に雌花に変身するという。ヤツデのように雄、雌の順で花が変化する種類は、ツリフネソウ（釣船草）やワレモコウ（吾亦紅）など、ほかにも多くある。

最近はヤツデは庭に植えられることも少なくなったが、ヤツデも負けてはいない。植えられなくなったなら、自力で勢力拡大とばかりに、あちこちから勝手に芽を出している。鳥の落としモノから芽が出たのだろうか？

ツワブキ（石蕗）

普通の蕗《フキ》は冬には枯れてしまうが、ツワブキは常緑。園芸用には、白い縁の入っている葉や、黄色い斑点の入っているものなど、いわゆる「斑《ふ》入り」が出まわっている。斑入り種は、日陰の庭を明るい雰囲気にしてくれる。

葉が蕗に似ていて、かつツヤがあるので、「ツヤのある蕗」→「ツワブキ」となったと言われる。「石蕗」と書くのは、もともとは海岸の岩場や崖などに自生している植物だったからとか。

沖縄の方言では「ちぃぱっぱ」といわれているらしい。こちらはなんともかわいらしい呼び名だ。

葉には、強い抗菌作用があり、湿疹や腫れ物などに効果がある。

丈夫で、日陰でもよく育つので、庭に植えられ、秋冬の貴重な彩りとして重宝する。と思っていたら、寒い所や、標高の高い所では生育が難しいらしい。「福島よりも北では育たない」とも言われているので、各地に住んでいる友人たちに聞いてみたところ、北海道でも道南では大丈夫。富士吉田（山梨県）の標高八四三メートルに住んでいる友人は「何回かチャレンジしたが枯れてしまった」。長野県の標高七五〇メートルに住んでいる友人からは、「見かけない」とのこと。

また、屋久島在住の友人は「海岸線にはあるけれど、標高が二〇〇～三〇〇メートルぐらいからカンツワブキ（寒石蕗）という屋久島と種子島固有の種類がぼつぼつ出てきて普通のツワブキと混在している」と言う。そして混在している所では雑種があり、ヤクシマツワブキといわれているらしい。

日本は狭い国ではあるが、この狭い国土の中に、じつに変化に富んだ生態系が濃密に組みこまれている。

ヤツデの花

冬の鳥

寒《かん》禽《きん》の
三羽四羽と
来る窓辺

冬の鳥と冬鳥

冬は落葉した木の枝の間に小鳥の姿をはっきりと見ることができ、バードウォッチングには最適の季節だ。残りものの庭の木の実や枇杷の花を目当てに、いろいろな鳥がやって来る。「冬の鳥」と「冬鳥」は、たった一文字「の」が入るか入らないかなのだが、俳句では意味がまったく違ってくる。「冬の鳥」は、水辺であろうが、山野であろうが、とにかく冬に目にする鳥のこと全般をいう。ほかにも「寒禽」という言葉がある。一方、「冬鳥」は日本で越冬する渡り鳥、たとえばわかりやすいのは、オオハクチョウやマナヅルなど。そのほかにもジョウビタキやツグミ、マガモなどがいる。

鳥たちの群れ

私たちが庭づくりで土を掘っていると、モズやジョウビタキがすぐそばまでやって来て、何かをついばんでいく。鳥は目も鼻もいいと言うから、私たちが気づかない何かの幼虫が、土と一緒に掘り返されたのだろうか。

この時期、夏の間はめいめいで暮らしている小鳥たちが、群れをなしているのをよく見かける。エナガ、ヒヨドリ、メジロは、同じ仲間で群れることが多いが、シジュウカラは、同種でなくても、同じカラ類であるヤマガラやヒガラなどとも群れをなすことが多い。時には、シジュウカラなどのカラ類、エナガ、メジロ、コゲラなどがすべて交じった群れをつくっていることもある。

しかし、サイズが大きいヒヨドリやオナガは別格のようで、ほかの鳥たちと群れをつくっているのを見たことがない。オナガの群れは、なかなか壮観である。鳴き声こそ「ギャーッ！」とうるさいが、姿はオシャレな燕尾服で色も美しい。

なぜ冬の鳥たちは群れるのだろう。芋虫や毛虫などの動物を食べられる夏と違い、冬は食べ物が少ないので効率よく餌を探すためとか、天敵などの危険を察知しやすいようにと言われている。私たちは、恋の季節も終わったので、みんなで仲良くやりましょう！という感じなのではないかと思っているのだが。

給餌の季節

鳥に餌をやるとしたら、この時期に限る。昆虫などがいなくなる一一月ごろから四月ごろまでが餌をやる時期だ。米をまいただけで、スズメがやって来る。ヒマワリのタネはシジュウカラやカワラヒワ、キジバトなどの大好物。メジロやシジュウカラは牛脂が大好き。しかし、牛脂はカラスも好きなので、気をつけよう。針金にピーナッツを刺してつくるリースは、シジュウカラの好物で、庭のアクセサリーとしても、かわいらしい。リンゴやミカンを半切りしたものには、ヒヨドリやメジロがやって来るだろう。そして、四月になったら、徐々に餌の量を減らし、四月下旬までには給餌をやめること。このころには、虫たちが活動しはじめるので、鳥たちには自然界の餌に移ってもらおう。

鳥たちは都市部でも、案外たくましく生きている。その鳥の存在に気がつくか、気がつかないか。私たちの心のゆとりしだいだ。

ジョウビタキ

エナガ

オナガ

柚《ユ》子《ズ》

しづけさの
うちに暮れたり
冬至の日

桃栗三年、柿八年、柚子の大馬鹿一八年

冬至といえば柚子湯だが、この時期、ユズの値段は高い。そんな時、庭にユズの木が一本あれば、便利このうえない。実が豊作であれば、思いきりユズを入れて、香りを楽しんだうえに、お肌もすべすべ。一説には風邪をひきにくくなるとも言われている。

だが柚子は、「桃栗三年、柿八年、柚子の大馬鹿一八年」と言われ、植えてから実がなるまでにかなりの年数を要するらしい。確かにタネから育てる実生《みしょう》だと、結実するまでに十数年かかるが、園芸店で買う苗は、取り木※や接ぎ木がしてあるので、心配ご無用。ほとんどのものが、植えてすぐに実をつけるだろう。このことわざには続きがあって「林檎にこにこ二五年」というのが、最後につくらしい。リンゴは実がなるまでに、相当な年数がかかるということか……。

ハナユズとホンユズ

ユズには、レモン色で小さくて形がきれいなものと、濃い橙色の大きくてごつごつしたものと、二種類あるのをご存じだろうか？　前者はハナユズ（花柚《ハナユ》とも）という園芸種、後者は普通の原種のユズで、ホンユズとも呼ばれている。酸味と香りが強いのはホンユズのほうだが、ハナユズは見た目がきれいなので、観賞用として庭に植えられることが多い。

実を摘む

だが、いくら観賞用でも、やはり実はできるだけ採取してほしい。木にとって実をつけるというのは、次の世代をつくることであり、エネルギーを使うことでもある。実をそのままにしておくと、実に栄養を取られ木が消耗してしまうのだ。

青い実がたわわになりすぎて上部が重くなり、秋に来た大型台風で倒れてしまった百年物のユズを起こして、生き返らせたことがある。数年、もちこたえていたものの、ある年、大雪で再び倒れてしまい、また起こして復活させた。古木の場合は、摘果といって、果実を小さいうちに間引いてしまうとよい。数を抑える代わりに一つひとつを大きく高品質にするためと、なりすぎによる樹勢の衰えを避けるために行なうものだ。

「柚子」「柚子の実」は秋の季語、「花柚」「花柚子」は夏の季語。もちろん「柚子風呂」「柚子湯」は「冬至」とともに、立派な冬の季語だ。

冬至を迎えた日は夜が一番長く、古代中国では、陰がきわまって陽が復するということから「一陽来復《いちようらいふく》」とも呼ぶ。東京・早稲田にある穴八幡宮には、冬至から節分の日までしか分けてもらえない「一陽来復のお守り」というものがある。ここから少しずつ夜が短くなり、昼と夜の長さが同じ春分に向かっていく。

※小枝の途中の樹皮をむき、水苔などで覆い、根を出させてから切り取り、植えつけること。

霜柱

靴底の
沈む深さや
霜柱

霜柱が立つ地域、立たない地域

冬ともなれば霜柱が立つものと思っていたが、都会ではアスファルトが多く、霜柱を見ないという声も聞く。土さえあれば、霜柱は立つのに……と思っていたら、そうでもないらしい。

広辞苑によると、霜柱とは「寒冬、土中の水分が地表にしみ出てきて凍結し、細い柱状群となって上方に成長するもの。この際、多くは表土を押し上げる」とある。

植木屋仲間に聞いてみると、関東圏に住んでいる私たちには、霜柱はなじみ深いが、霜柱が立たないという地域もけっこうあるらしい。

そこで、植木屋だけでなく、全国の農業をしている知り合いにも聞いてみた。すると、粘土質の所では地域を問わず、霜柱が立たないという返事だった。そういえば、愛知県や三重県に住んでいる植木屋仲間に、私たちの仕事を手伝ってもらったときに、「関東って、土がいいですね。僕が住んでいる地域では、土が粘土っぽくて水はけが悪いんですよ。この土、うらやましいなあ」と言われたことがある。粘土質だと、水分を

土の中に蓄えられないので、霜柱にならないのだ。

良い土と悪い土

良い土の定義というのは、なかなか難しいが、赤いとか黒いとかの色ではなく、一番は団粒構造になっていること（次ページ図参照）。団粒構造とは、細かな土の粒子が有機質と混ざって、小さな粒状になっていることで、通気性と排水性にすぐれている。その小さな土の粒々の中にも、さらに小さな隙間があり、水分や酸素、そして養分を保つことができ、土壌微生物が活性化する。つまり、水はけがよく、保水性もあるという一見矛盾した状態の土だ。

土の保水性がいいと、その水が寒さで凍って霜柱になる。つまり、霜柱ができる土というのは、土の状態がよいというひとつの目安になるだろう。もし、庭の土に霜柱ができないのであれば、土の改良を試みてもよいかもしれない。

土をよくする

だが、その時に化学肥料を使うと、土壌微生物に大きなダメージを与えてしまううえに、団粒構造が劣化し、硬い水はけの悪い土になり、ミミズも棲まなくなってしまう。そして、きわめつきは、アブラムシやカイガラムシが発生しやすくなる。化学肥料の過剰な栄養で、糖分が多い植物になると、甘いもの好きのアブラムシやカイガラムシは好んでやって来る。

しかし、だからといって、有機肥料ならいいかというと、やりすぎは窒素過剰になってしまう。やはり与えすぎはよくないのである。

土の改良におすすめなのが、生ごみ堆肥だ。庭のある人ならば、ぜひ生ごみコンポストの設置を。よく見るプラスチックの緑のコンポスターでは見栄えが悪いという方には、木製コンポストボックスをおすすめします。集合住宅で土がないという方には、ベランダで植木鉢を使った生ごみ堆肥のつくり方もある。廃棄するごみを減らし、かつ手づくりの堆肥ができるという一石二鳥の生ごみ堆肥に挑戦して、霜柱が高く伸びるような庭をつくろう！

団粒構造の土

団粒構造の土は、団粒と団粒の隙間に空気や水を十分に蓄えることができる。

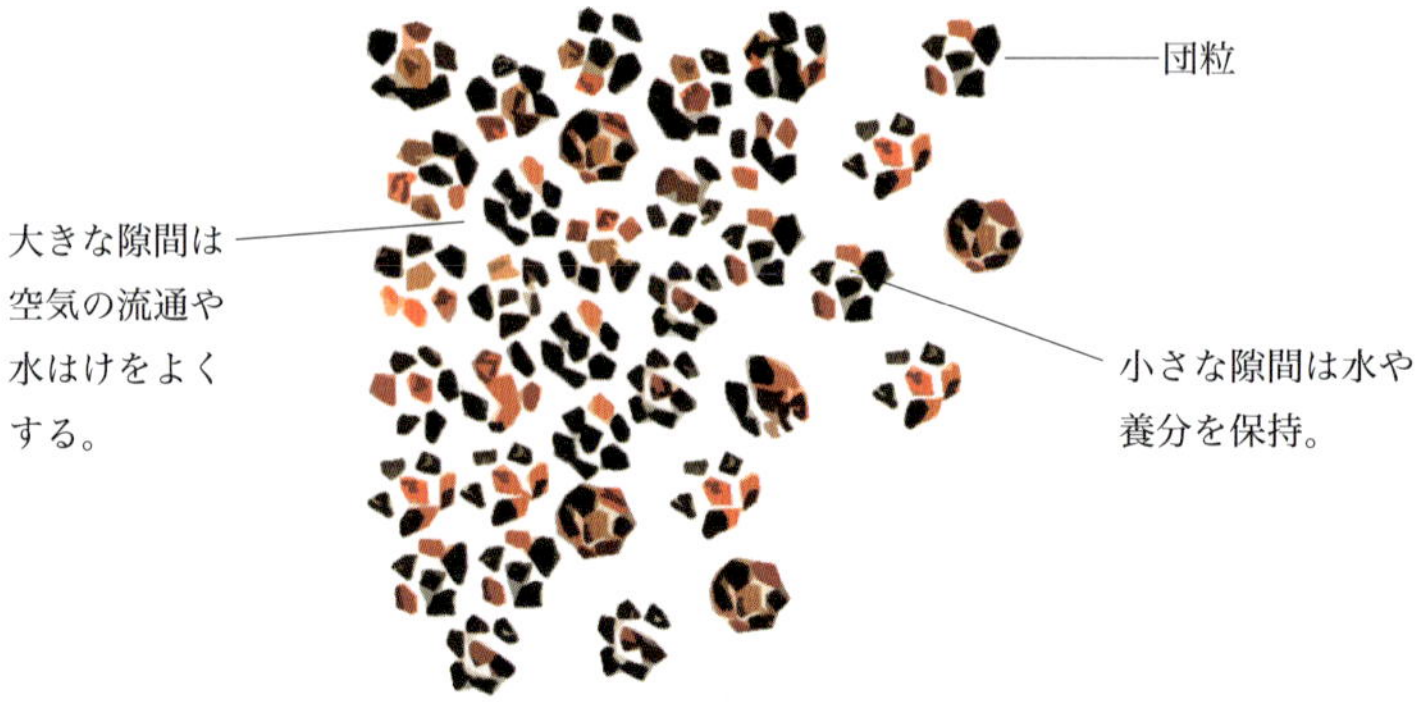
団粒
大きな隙間は空気の流通や水はけをよくする。
小さな隙間は水や養分を保持。

単粒構造の土

土の粒子がびっしりと詰まっているために、このような土壌は硬く、また通気性も水はけもよくない。

冬芽《ふゆめ》

夢を見し
木蓮冬芽
輝きぬ

小枝の先を見ると、もう樹木は春の支度をしている。春になると伸びて葉や花になる芽が、寒さを防ぐために鱗片《りんぺん》で覆われながら、春を待っている。冬芽だ。ハナミズキはアラビアンナイトのターバンのようだし、アジサイ（紫陽花）はきっちりと合掌しているよう。ミツマタはいかにも「花になりますよ！」と咲く気満々の蜂の巣状。コブシ、モクレン、ハクモクレンは、銀色の柔毛《じゅうもう》で覆われ、日差しに光っている。そして、梅の花芽が目につくようになったら、もう「春隣《はるどなり》」だ。

冬芽いろいろ

冬の庭は一見何の変哲もなく、花も少なく、つまらないと思うかもしれない。だが、よく庭先を観察してみよう。冬には冬の楽しみがけっこうあるものだ。

花芽をつける時期

「サツキやツツジの花が咲かない」と言う人がよくいるけれど、冬芽は晩夏から秋にかけてできはじめるので、暮れに冬芽を刈り込んでしまうと、次の年、花は咲かない。また、秋に花をつける金木犀は、四月過ぎに花芽をつけるので、四月以後に刈り込みをすると、花芽を切り落とすことになる。このように、いつ花芽がつくのかということは重要で、それにかまわず剪定してしまうと、花を愛でる楽しみを失ってしまう。

また、剪定する箇所を間違えると、花が咲かないことがある。アジサイは、その年、花の咲いた二〜三節下の脇芽で切る。だからといって、常に二〜三節下で切っていたら、どんどん大きくなってしまう。そういう場合は、数年に一度は花をあきらめて、思いきった剪定が必要になってくる。

すべて人間の思い通りとはいかない。何かをあきらめ何かを得る……そういうことが庭仕事では必要になる。

《コラム》

花を食べているのは？

大雪の降ったあと、東京在住の知り合いから「ヒヨドリにパンジーをちぎられた！」という一報をもらった。ヒヨドリが花占いをしているのだろうか、と思ったそうだが、それは食べているのだ、きっと。

というのも、庭仕事をしていた際、ヒヨドリが二羽飛んできて、鉢植えのハボタンをむしゃむしゃ食べているところを見たことがあるからだ。キャベツもよくヒヨドリの被害に遭っているそうで、だとすると同じアブラナ科の植物であるハボタンに目をつけるのも無理はない。鳥好きの友人たちに聞いてみたところ、ヒヨドリはいろいろな葉を食べるが、アブラナ科が一番の好みだそうだ。

パンジーはエディブルフラワーとして、サラダの彩りなどに使われるので、ヒヨドリはやっぱりわかっているのだろうなあ。

クサギ（臭木）

アジサイ（紫陽花）

アカメガシワ（赤芽柏）

ハクモクレン（白木蓮）

カキノキ（柿木）

フユザンショウ（冬山椒）

ミツマタ（三椏）

ヤマグルミ（山胡桃）

ハンノキ（榛の木）

ヤマザクラ（山桜）

ライラック

ミヤマハンノキ（深山榛の木）

枯園《かれその》

木のうろの
ありて嬉しや
冬の虫

冬庭の楽しみ

地球温暖化だなんだと言われても、やっぱり外に出るのも嫌になるぐらいのこの時期、庭のことなど考えも及ばない……。そういう人は、まだ庭の本当の楽しみを知らない。ディープなガーデナーは、冬もまた楽しとばかりに、やること満載。たとえば、種子や球根や苗のカタログを見ては、春からの庭に思いをはせて、ひとりほくそ笑む。春の庭を夢想して。そして庭道具のお手入れ。さらに土づくりの準備。ここまできたら、相当な庭好きと言えよう。

虫たちの越冬

「地球は虫の惑星」だという。動物の七〜八割は虫だからだそうだ。

だが、春から秋にかけてあんなにたくさんいた虫たちは、冬になるとどこへ行ってしまうのだろうか？

虫たちも、卵で越冬するもの、蛹《さなぎ》になって越冬するもの、幼虫で越冬するもの、成虫で耐え忍ぶもの……さまざまだ。テントウムシたちは南向きの日当たりの

よい場所で集団越冬しているし、カマキリは卵塊の中で春が来る夢を見ているかもしれない。蓑虫たちも北風に吹かれながらも、ゆらゆらと辛抱強く春を待っている。

命をつなぐ場所

わが家ではストーブ用の薪割りが日課だが、木を割ると、洞《うろ》になっている所があり、虫たちの冬眠を助けている。スズメバチの女王やマイマイカブリの越冬場所、また、鳥たちやムササビの巣にもなる。

ある時マイマイカブリが集団で越冬しているのを見つけた。そんなにたくさんのマイマイカブリを見ることはめったにないので、感動して捕まえようとしたら、思いきりガスを噴射され、しばらく目が痛くて開けられなかった。こんな毒ガス兵器をもっていようとは。

人間から見たら「菌」は嫌な存在かもしれないが、自然界の中では何ひとつ不要なものはなく、腐ることによってできた洞は、多くの命をつないでくれる空間になっている。

日《ひ》脚《あし》伸《の》ぶ

竹箒
立て掛けてあり
日脚伸ぶ

寒くて縮こまりがちな冬、徐々に日脚が伸びてくることを表わすこの季語は、気持ちを明るくしてくれる。日脚が伸びると、その分夜が少しずつ短くなっていく。植物は、この昼と夜の長さの変化から二カ月先の気温を知り、花芽をふくらませて、春の準備を始める。

屋根の上の発電所

わが家の場合、日脚が伸びてうれしいのは、屋根に備えつけた二枚のソーラーパネルの発電量が増すことだ。え?たった二枚?と思うかもしれない。だが、この二枚がなかなかのすぐれもの。わが家は山間部で日照時間が短く、屋根じゅうにソーラーパネルを取りつけ、発電した電気を電力会社に売る系統連結という方式では、効率的には割が合わない。しかもこの方法だと、蓄電装置がないため、夜間に停電したときには電気が使えない。そこで、電力会社には発電した電気を売らないで、自宅で電気をためておく独立系という方法をとっている。このソーラーパネルは二〇一一年三月一一日の東日本大震災以降に取りつけたのだが、実際に夜間に停電したときは、そのありがたさが身にしみた。

庭の灯りとパソコン

独立系では、蓄電しておくためのバッテリーが必要で、今のところその値段がやたらと高い。そこで、わが家では、ゴルフ場で使う電動カートの中古バッテリー二個に発電した電気をためている。これで、家じゅうの電気をまかなえるわけではないが、庭の二カ所の照明を灯すのと、毎日使うパソコンと周辺機器の電力をまかなうには十分だ。

いざ停電になっても、いろいろな情報を得られるように、パソコンと電話を独立系のソーラーパネルとつないでおくのは、ひとつの安全策だろう。

そのうちに技術の開発がすすんで、日当たりが悪くても発電効率のよいパネルや、安価なバッテリーも、もっと出てくるだろう。それまでは、せめて庭の灯りの分だけでもソーラーパネルを使い、遊び感覚で電気をつくってみようと思う。家の屋根の上が発電所だなんて、考えただけでもワクワクする。

ソーラークッカー

もうひとつ、日脚が伸びてうれしいのは、ソーラークッカーを長時間使えるようになることだ。ソーラークッカーとは、パラボラアンテナのような形をしている、太陽の光を集めて調理する器具のこと。これなら、電気どころかガスが止まっても、大丈夫。ただし、曇りと雨の日は使えない。これも、家にいるときはできるだけ使うようにしている。一・八リットルぐらいのお湯は二〇分もかからないで沸くから、お日様の力はすごい。朝から湯を次々と沸かし、ポットにためて、昼は麺類という日もある。

いざという時のために、「日ごろから楽しみながら使う」というのがポイントだ。

寒さと暖かさを繰り返しながら日一日と日脚が伸びていく。立春までもうすぐだ。

ソーラークッカー

ソーラーパネル

豊かに彩ってくれる

石田郷子

俳句はわずか十七音で、五・七・五の韻律を持つ定型詩である。季語を入れるという決まり事があり、今は使うことのない古いことばや、歴史的かな遣いを使うことも多い。——そんな小難しいもの、今さらどなたにもお勧めするつもりはない。

けれど——けれど、である。私はつくづく俳句を始めてよかったなあ、と思っているのだ。単調で、これといった目標もなかった日々の暮らしが、俳句を始めてから、俄然輝き始めたからだ。

なぜだろう。

その理由の一つに、「季語」との出会いということがあるかもしれない。季語とは、季節をあらわすことばである。

芭蕉の有名な俳句に、

古池や蛙飛びこむ水の音

というのがあるが、この句の季語は「蛙」である。カエルじゃなくてカワズと読む。いつの季語だろう？　春である。なんで？　蛙は春に鳴き始めるからである。冬眠からさめた蛙の声を聞くと、「ああ、ようやく春になったのだなあ」としみじみ感じるから、春の季語になったのである。

そんなふうに季語を学んで、俳句を味わってみると、四季の移り変わりの中での昔の人の息吹が、生き生きと身近に感じられてくる。

クーラーのとまりぶつぶつ何か言ふ　　石原八束

現代の俳句である。この句の季語は「クーラー」（冷房）である。ぶつぶつ言うのは人ではなくクーラーだ。古くなったクーラーを止めたとき、なるほど呟くような、或いは溜息のような音を立てることがある。この句を読むと聴覚を意識し、クーラーを止めた後の夏の夜の静けさが、耳に深々と蘇ってくるのだ。

今の世の中、ことに都市生活では季節を感じることが少なくなってきていると言われているが、歳時記をめくっていると、「あれ、こんなものも季語なんだ」と驚かされる。「冷房」をはじめ、夏なら「アイスクリーム」「そうめん」などの食べ物、「サンダル」や「サングラス」など身につけるもの、「花火」「ナイター」などの娯楽も、みな季語になっている。その気になれば、身の回りに季語はいくらでも見つけられるはずだ。

さて、こんなふうに、俳句を始めて季語に親しむようになると、都会のささやかな庭にも、さまざまな生き物が暮らし、雑草と呼ばれる草が愛らしい花をつけることに気づき始めるだろう。その多くがやはり季語になっているからだ。

芭蕉先生だって、

草いろいろおのおの花の手柄かな

と、感心したくらい、どんな雑草も花を咲かせる。この句の季語は「草の花」で秋季。雑草もそれぞれの季節に花をつけるが、春を象徴する梅や桜の花に対して、名も知れぬ小さな草花を、秋のものとしたのだろう。

虫だって負けていない。

暁《あかつき》は宵より淋し鉦叩《かねたたき》　星野立子

カネタタキは体長一センチくらいの虫で、秋になるとその名のとおり「チン、チン」とカネを叩くように鳴き、都心のマンションの植え込みでも聴くことができる。日中はまだまだ暑さがきびしいという頃、明け方のカネタタキの声を聞きとめ、ふっと秋の訪れを感じるようになった自分に気づくかもしれない。

殺伐とした風景や、日々の慌ただしさの中に、季節の移ろいにうとくなってしまった私たちの足元で、こんなに小さな虫が季節を教えてくれている。

これらの虫が鳴かなくなって久しいと思う頃には、街路樹も紅葉しながら葉を落とし始めている。

雲割れて朴の冬芽《ふゆめ》に日をこぼす　川端茅舎

葉を落としきった枝々に、堅い木の芽が用意されていることに気付けば、すでに俳句の世界に一歩踏み入れていると言っていい。

江戸時代に始まって、今も多くの庶民が、日常生活の中に季語を見つけ、季節を実感して俳句を詠んでいる。緑の少ない都市にも、季節とともに暮らす人々の暮らしがあり、俳句作品を通じて、感興を分かち合うことができる。

それは、ときとして時空をも超越し、三〇〇年以上も昔の人や、何千キロも遠くに離れた人と思いを一つにすることも可能なのである。

私は、決して俳句をお勧めするつもりではないけれど、ここにも、暮らしを豊かに彩ってくれる素晴らしい世界があるということを、お伝えしておこうと思う。

〈いしだ・きょうこ／俳人〉

おわりに

今回、恥ずかしながら、各項目のはじめに、私たちが作った俳句を入れることになりました。それというのも、ひょんなことから私たちが、テキスト「ＮＨＫ俳句」の中の「植木屋日誌」というコラムに、自作の一句つきで書いていたのを、築地書館の編集者、橋本ひとみさんが目にして、「この感じで一冊作りませんか」と勇気ある提案をしてくれたおかげです。本来ならば、有名俳人の句を引用させていただくところを、作句を始めて三年にも満たない私たちの句を冒頭にもってこようという企画に、最初は尻ごみしたのですが、書き終わってみれば貴重な体験だったと思います。

俳句に詳しい方にとっては、季語の説明で不十分なものがあると感じられたかもしれません。庭や暮らし、自然をもっと深く味わうための読み物として楽しんでいただくことを旨としたので、文中のすべての季語について、同じように説明を加えられなかったことを、ご了承いただければと思います。

文章にもましてたいへんだったのが俳句づくりで、下手な鉄砲も数撃ちゃ当たるとばかりに、この一冊のために千句を超えて作ったなかから、私たちの師である俳人の石田郷子先生に一つひとつ選んでいただきました。石田先生には、お忙しいなか寄稿までしていただき、感謝の気持ちでいっぱいです。

イラストレーターの長谷川貴子さんには、本書を私たちのイメージ以上に楽しいものにしていただきました。ブックデザインの田中明美さんは、思わず手に取りたくなる素敵な本に仕上げてくださいました。

また、生物に関しては、虫友だちの佐藤浩一さんに多くのご教示をいただきました。

私たちの手元にない写真は、樹木医の岩谷美苗さん、淡路景観園芸学校准教授の岩崎哲也さん、都市鳥研究会の香川淳さん、ステンドグラス作家の宇留賀正輝さん、糞土研究会の伊沢正名さんに提供していただき、この本は充実したものになりました。

そして庭の生き物たち。

ここに心よりお礼申し上げます。

二〇一四年七月七日

曳地トシ・曳地義治

【主な参考文献】

『緑の革命とその暴力』 ヴァンダナ・シヴァ［著］ 浜谷喜美子［訳］ 日本経済評論社
『土いじりが楽しくなる本――生物を育む土の実用知識』 アクア・ルーム［編］ 技術評論社
『月の手帳』 はからめ
『昆虫探検図鑑1600』 川邊透［著］ 全国農村教育協会
『ハチのふしぎとアリのなぞ――わたしの昆虫記⑥』 矢島稔［著］ 偕成社
『言葉の誕生を科学する』 小川洋子＋岡ノ谷一夫［著］ 河出文庫 河出書房新社
『野生鳥類の保護』（公財）日本鳥類保護連盟［編］
『チョウとガのふしぎな世界――わたしの昆虫記③』 矢島稔［著］ 偕成社
『ナメクジ――おもしろ生態とかしこい防ぎ方』 宇高寛子＋田中寛［著］ 農山漁村文化協会
『ナメクジの言い分』 足立則夫［著］ 岩波科学ライブラリー 岩波書店
『ローズマリーの庭にて――イギリス流ガーデニングの方法』 ローズマリー・ヴィアリー［著］ 尾島恵子［訳］ 読売新聞社
『雪迎え――空を飛ぶ蜘蛛』 錦三郎［著］ 三省堂新書 三省堂（絶版）
『校庭のクモ・ダニ・アブラムシ――野外観察ハンドブック』 浅間茂＋石井規雄＋松本嘉幸［著］ 全国農村教育協会
『日本のカミキリムシハンドブック』 鈴木知之［文＆写真］ 文一総合出版
『空の名前』 高橋健司［写真＆文］ 角川書店
『ずっと受けたかったお天気の授業』 池田洋人［著］ 東京堂出版
『葉っぱのふしぎ――緑色に秘められたしくみと働き』 田中修［著］ サイエンス・アイ新書 ソフトバンククリエイティブ
『都市の樹木433――ポケット図鑑』 岩崎哲也［著］ 文一総合出版
『スズメの謎――身近な野鳥が減っている!?』 三上修［著］ 誠文堂新光社

『アリランの青い鳥』 遠藤公男〔著〕 （資）垂井日之出印刷所出版事業部
『右利きのヘビ仮説――追うヘビ、逃げるカタツムリの右と左の共進化』 細将貴〔著〕 東海大学出版会
『家庭でできる自然療法――誰でもできる食事と手当法』 東城百合子〔著〕 あなたと健康社
『図解 樹木の診断と手当て――木を診る・木を読む・木と語る』 堀大才＋岩谷美苗〔著〕 農山漁村文化協会
『冬芽ハンドブック』 広沢毅〔解説〕 林将之〔写真〕 文一総合出版
『虫といっしょに庭づくり』 曳地トシ＋曳地義治〔著〕 築地書館
『雑草と楽しむ庭づくり』 曳地トシ＋曳地義治〔著〕 築地書館
『角川俳句大歳時記 春』 角川学芸出版〔編〕 角川学芸出版
『角川俳句大歳時記 夏』 角川学芸出版〔編〕 角川学芸出版
『角川俳句大歳時記 秋』 角川学芸出版〔編〕 角川学芸出版
『角川俳句大歳時記 冬』 角川学芸出版〔編〕 角川学芸出版
『角川俳句大歳時記 新年』 角川学芸出版〔編〕 角川学芸出版

【写真提供】

伊沢正名：うどんこ病(p.72)
岩崎哲也：ミズキの実(p.111)
岩谷美苗：ウスギモクセイ(p.105)、冬芽各種(p.143)
宇留賀正輝：メジロ(p.29)
香川淳：ガビチョウ(p.29)、ホオジロ(p.29)、ミンミンゼミ(p.79)、ツクツクボウシ(p.87)、ヒグラシ(p.87)、エナガ(p.135)、オナガ(p.135)
右記以外の写真はひきちガーデンサービス撮影

不完全変態　57, 94
腐朽菌　22, 55
フタオビドロバチ　31, 32
ブッドレア　47, 96
フユザンショウ（冬山椒）　143
フユシャク　124
冬椿　123
冬鳥　134
冬の鳥　134
冬芽　141
フヨウ（芙蓉）　71, 90
プラムポックスウイルス
（ウメ輪紋ウイルス）　12
『平家物語』　71
ヘクソカズラ（屁糞葛）　93
ベニカナメモチ
（レッドロビン）　73
ベニシダレ　18
ベニフキノメイガ　74
ヘビ（蛇）　116
蛇穴を出づ　117
蛇穴に入る　117
蛇衣（皮）を脱ぐ　117
ヘリグロテントウノミハムシ
105
ポイズンリムーバー　81
蜂群崩壊症候群　95
法師蟬　78, 87
ホオジロ　28, 29
ボケ（木瓜）　73
ホシアサガオ　90
干し柿　115
ホシホウジャク　47
『本朝年代紀』　25
ホンユズ　137

ま行

まいまい　66
マイマイカブリ　67, 145
『枕草子』　59, 81
マダラコウラナメクジ　60
松　36
松落葉　37
松尾芭蕉　120
マツカレハ　38
松手入れ　37
マユミ（檀／真弓）　110
マルバルコウソウ　90
円星落葉病　73
水木（ミズキ）の実　111
ミスジマイマイ　67
水霜　99
ミズヒキ（水引）　91
ミツバチ　95
ミツマタ（三椏）　143
緑立つ　36
緑摘み　36
緑の革命　17
ミミズ　11
ミモザ　71
ミヤマハンノキ（深山榛の木）
143
ミント　74
ミンミンゼミ　78, 79
ムーアシロホシテントウ　52
零余子　93
麦の芽　19
ムクゲ（木槿）　71, 90
ムシヒキアブ　15
ムラサキシキブ（紫式部）　111
メジロ　28, 29, 63
芽立ち　19
芽吹き　19
芽吹く　19
モクレン（木蓮）　26
モズ（百舌／百舌鳥）　107
鵙の贄　107
モズの早贄　58, 107
ものの芽　19

や行

ヤツデ（八つ手）　132
ヤニサシガメ　95
ヤブガラシ（藪枯らし）　92, 93
ヤブツバキ（藪椿）　21
ヤマガラ　41, 42, 117
ヤマグルミ（山胡桃）　143
ヤマザクラ（山桜）　143
ヤマノイモ（自然薯）　93
ヤモリ（家守／守宮）　45, 116
有機肥料　9
夕立　83
雪送り　63
雪婆　131
雪蛍　131
雪迎え　63
ユズ（柚子）　136
柚子の実　137
柚子風呂　137
柚子坊　88
柚子湯　137
余寒　8
余寒見舞い　8
夜露　98
霾ぐもり　25

ら行

ラージパッチ　10
ライラック　143
落葉樹　77, 121, 126
リスアカネ　101
緑陰　77
ルリタテハ　23, 47
ルリボシカミキリ　68

わ行

ワカバグモ　65
若緑　36
ワキグロサツマノミダマシ　65
病葉　72
綿虫　130
侘助　21

高浜虚子　13
焚き火　125
竹ぼうき　127
立寒椿　123
タネ(種)　102
種採　102
タマカタカイガラムシ　13
団粒構造　9, 139, 140
乳イチョウ　112, 113
チャコウラナメクジ　60
チャドクガ　20, 71
チャノキ(茶の木)　20
虫媒花　132
蝶　23, 46
鳥媒花　123
ツクツクボウシ　78, 87
土　9, 16, 139
土犯　16
土蛙　44
霾　25
ツツジ(躑躅)　35, 142
椿　20, 123
露　98
露けし　99
露寒　99
露時雨　99
露霜　99
つる植物　92
ツワブキ(石蕗)　133
デショウジョウ　18
テッポウムシ　69
天敵　43, 49, 53, 54, 61, 67
でんでんむし　66
テントウムシ(天道虫)　13, 49, 50
冬至　137
冬眠　51
蟷螂　56
蟷螂生る　56
トカゲ(蜥蜴)　43
常盤木落葉　19
特定外来生物　29
土壌微生物　9, 17, 139
徒長枝　37
殿様蛙　44
トビモンオオエダシャク　89
土瓶割　89
トマト　19
土用　16
トラカミキリ　68
トリノフンダマシ　64
ドロバチ　30
トンボ(蜻蛉)　101

な行

名草の芽　19
梨　73
茄子(ナス)　19
夏落葉　19
夏の蝶　47
ナナホシテントウ　50〜52
生ごみ堆肥　139
ナミアゲハ　47, 75
ナミテントウ　51〜53
ナメクジ(蛞蝓)　59
ナンテン(南天)　110
ニイジマトラカミキリ　69
ニイニイゼミ　78
ニセアカシア　71
ニホンズイセン　128, 129
ニホントカゲ　44
入道雲　82
ネオニコチノイド系農薬　95
猫　40, 118
ノシメトンボ　101
ノムラモミジ　18
野焼き　10
野分　97

は行

ハーブ　74
ハイイロカミキリモドキ　68
ハイイロセダカモクメ　89
霾風　25
ハクモクレン(白木蓮)　26, 143
白露　99
バジル　74
ハスモンヨトウ　75
ハチ(蜂)　30
初蟬　78
初蝶　23
ハナアブ　14
ハナカイドウ(花海棠)　73
ハナグモ　62
ハナミズキ(花水木)　111
花芽　35, 141
花柚　137
ハナユズ(花柚子)　137
バラ(薔薇)　48
ハリエンジュ(針槐)　71
春一番　25
バルーニング(空中飛行)　63
春寒　8
春隣　141
春疾風　25
バンディング(標識調査)　108
ハンノキ(榛の木)　143
日脚伸ぶ　129, 146
ヒイラギモクセイ　105
緋寒桜(寒桜)　122
ヒキガエル(蟇蛙)　44, 45
ヒグラシ　78, 86, 87
ヒメアカホシテントウ　13, 52
ヒメカメノコテントウ　51
ヒメコブシ(姫辛夷)　27
ビャクシン類　73
ヒヨドリ　142
ヒラタアブ　14, 49
ヒラタカメムシ　95
ヒラタグモ　65
枇杷(ビワ)　122
貧乏葛　92
フェンネル(ウイキョウ)　75

キャラボク(伽羅木)　18
休眠物質　96
狂雲　82
ギンメッキゴミグモ　65
金木犀　35, 104, 142
銀木犀　104
クサギ(臭木)　143
クサグモ　64
草取り　80
草の芽　19
クチナシ(梔子)　88, 105
クマゼミ　78
クモ(蜘蛛)　62
クモガタテントウ　72
蜘蛛の囲　65
クモの糸　63
クモの巣　64
蜘蛛の太鼓　63
雲の峰　82
クロアゲハ　47, 75
月桂樹　97
毛虫　30, 47
ゲリラ豪雨　83
コウガイビル　61
黄砂　25
光芒　83
紅葉・黄葉　112
木陰　77
コガタスズメバチ　31, 32
コガネグモ　64, 65
子蜘蛛　63
コクロヒメテントウ　52
木下闇　77
コスズメ　89
固定種　103
小鳥　106
小鳥来る　106
小鳥渡る　106
コナラ　19
木の実　110
木の実雨　110
木の実落つ　110
木の実降る　110
木の芽　18
木の芽雨　19
木の芽風　19
木の芽時　19
木の芽晴　19
琥珀　58
コブシ(辛夷)　27
ごま色斑点病　73
コマドリ　28
コムラサキシキブ(小紫式部)　111
固有種　103

さ行

在来種　103
さえずり　28
桜　96, 122
山茶花　123
サツキ　142
雑草　17, 60
早苗　19
サルスベリ(百日紅)　35, 70
三寒四温　129
三尺寝　77
山椒　75
三鳴鳥　28
シオヤアブ　15
時雨　120
シジュウカラ　21, 40, 42
シデ　18
シデコブシ　27
芝　10
芝火　10
芝焼き　10
シベリアムクドリ　108
シマサシガメ　95
シマヘビ　117
地虫穴を出づ　22
シモクレン(紫木蓮)　26
霜柱　138
シャクトリムシ　89
シャラ(夏椿)　71
シュウカイドウ(秋海棠)　91
シュウメイギク(秋明菊)　91
縮葉病　12
春菊　19
ジョウビタキ　135
常緑樹　19, 121
ジョロウグモ　64, 65
シロアリ　54
シロジュウシホシテントウ　50, 51
シロホシテントウ　51, 72
沈丁花　97, 105
侵略的外来種ワースト100　29
水仙　128
スーパーセル(巨大積乱雲)　82
杉花粉　24
すす病　73
スズメ　106
スズメバチ　31
巣立ち　40
清少納言　59, 81
生態系のバランス　61, 131
生態系ピラミッド　131
生物農薬　53
生理落果　115
雪中花　129
セミ(蟬)　78, 86
蟬時雨　121
剪定　33, 114, 142
雑木の芽　19
ソーラークッカー　147
ソーラーパネル　146, 147
ソメイヨシノ　55

た行

台風　96
田植時　19
高野素十　50

索引

あ行

青蛙　44
アオクサカメムシ　94
アオバハゴロモ　50
赤蛙　44
アカシア　71
アカシマサシガメ　95
アカハナカミキリ　69
アカホシテントウ　13, 52
赤星病　73
アカマツ　38
アカメガシワ（赤芽柏）　143
秋の蛇　117
アゲハチョウ（揚羽蝶）　23, 47
アケビ（木通）　93
朝顔　90
アジサイ（紫陽花）　141～143
アシダカグモ　62
アシナガバチ　21, 30, 32
アズマヒキガエル　44
アナバチ　30
穴惑い　117
アブ（虻）　14
油かす　9
アブラゼミ　78, 79
アブラチャン　23
アブラムシ　12, 14, 50～53, 55, 130
雨蛙　44
アミダテントウ　50
アリ（蟻）　22, 31, 54
蟻穴を出づ　22
アリグモ　62, 65
イチモンジセセリ　47
イチョウ（銀杏）　112
一陽来復　137
遺伝子組み換え　102
稲雀　106
芋虫　30, 40, 42, 47, 88
茴香の花　75
ウグイス　28
ウスギモクセイ　105
ウソ（鷽）　28
空蟬　79
ウッドデッキ　77
うどんこ病　52, 70, 72
梅　12
洞　22, 145
エサキモンキツノカメムシ　94, 95
越冬　51, 144
エナガ　135
縁側　76
オオアオイトトンボ　101
オオクモヘリカメムシ　94
オオスカシバ　88, 89
オオスズメバチ　31, 32
オオテントウ　50
オオルリ　28
拝み虫　56
オサムシ　61
落ち葉　125, 126
オトメツバキ（乙女椿）　21
オナガ　135
オニグモ　64

か行

蚊　100
蛾　46
カイガラムシ　13, 52
カイヅカイブキ　52, 73
返り咲き　122
カエル（蛙）　43
花外蜜腺　55
加賀千代女　92
柿　73, 114, 143
カジカガエル（河鹿蛙）　44
カシワ（柏）　19
風光る　25
カタツムリ（蝸牛）　66, 118
カツラ（桂）　112
蚊取り線香　81
カナヘビ　44, 45
カナメモチ　73
ガビチョウ（画眉鳥）　29
株立ち　27, 77
花粉症　24
家宝種　102
カマキリ　56
カミキリムシ　68
雷　83
夏眠　51
カメノコテントウ　50, 51
カメムシ（亀虫）　94
蚊遣り　81
カリバチ　30
枯園　144
枯れ葉　113
環境の指標生物　131
寒禽　134
寒肥　8
寒中見舞い　8
寒椿　123
観天望気　84
広東住血線虫　61
甘藍　19
キアゲハ　75
キイロスズメバチ　32
キイロテントウ　51, 52, 71, 72
菊　91
キシタバ　46
黄水仙　129
キタテハ　23
キチョウ　23
キバラヘリカメムシ　94, 95, 110
キブシ（木五倍子）　23
貴船菊　91
木守柿　114

【著者紹介】

ひきちガーデンサービス http://hikichigarden.com
埼玉県にて夫婦ふたりで、個人庭を専門に、農薬を使わない病虫害対策を実践するなど、自然環境に配慮した庭づくりとメンテナンスを行なっている。本物の素材を生かし、安全で使いやすい庭、バリアフリーガーデン、自然の恵みを利用した循環型の庭づくりなどを地域の中で提案・実践している。

2005年、NPO法人日本オーガニック・ガーデン協会（JOGA：http://www.joga.jp/）を設立。代表理事と理事を務める。

おもな著書に『オーガニック・ガーデンのすすめ』（創森社）、『オーガニック・ガーデン・ブック』『無農薬で庭づくり』『虫といっしょに庭づくり』『雑草と楽しむ庭づくり』（以上、築地書館）

曳地トシ [ひきち・とし]
1958年、神奈川県真鶴町生まれ。植木屋のおかみ業にもかかわらず「高い所、泥汚れ、虫」が三大苦だったが、無謀にも現場に出たところ、虫をはじめとする庭の生き物たちの虜になり、今に至る。

曳地義治 [ひきち・よしはる]
1956年、東京都立川市生まれ。子どものころは暇さえあれば、鉛筆で広告の裏に絵を描いていた。木工業、ログビルダーなどを経て、植木職人となる。（公財）日本生態系協会・ビオトープ施工管理士２級、土木施工管理技士２級。

撮影／亀山ののこ

二十四節気で楽しむ庭仕事

2014年11月 7 日　初刷発行
2015年　1月30日　２刷発行

著者　ひきちガーデンサービス（曳地トシ＋曳地義治）
発行者　土井二郎
発行所　築地書館株式会社
〒104-0045 東京都中央区築地 7-4-4-201
TEL.03-3542-3731　FAX.03-3541-5799
http://www.tsukiji-shokan.co.jp/
振替 00110-5-19057
印刷製本　シナノ印刷株式会社
イラスト　長谷川貴子
装丁・本文デザイン　田中明美

　ISBN978-4-8067-1485-9